公路工程标准规范理解与应用丛书

《公路工程抗震规范》释义手册

鲍卫刚　等编著

人民交通出版社

内 容 提 要

本手册为《公路工程抗震规范》(JTG B02—2013)的配套图书,对规范条文的编制背景、编制目的等进行了详细解释,并以附件形式列出了相关桥梁抗震分析算例。

本手册可供公路工程设计人员使用,也可供相关科研人员参考。

图书在版编目(CIP)数据

《公路工程抗震规范》释义手册/鲍卫刚等编著.
— 北京:人民交通出版社,2014.3
ISBN 978-7-114-11174-7

Ⅰ.①公… Ⅱ.①鲍… Ⅲ.①道路工程—抗震规范—技术手册 Ⅳ.①U41-62

中国版本图书馆CIP数据核字(2014)第023266号

公路工程标准规范理解与应用丛书

书　　名:	《公路工程抗震规范》释义手册
著 作 者:	鲍卫刚 等
责任编辑:	李　农　丁　遥　李　洁
出版发行:	人民交通出版社
地　　址:	(100011)北京市朝阳区安定门外外馆斜街3号
网　　址:	http://www.ccpress.com.cn
销售电话:	(010)59757973
总 经 销:	人民交通出版社发行部
经　　销:	各地新华书店
印　　刷:	北京市密东印刷有限公司
开　　本:	787×960　1/16
印　　张:	12.25
字　　数:	190千
版　　次:	2014年3月　第1版
印　　次:	2014年3月　第1次印刷
书　　号:	ISBN 978-7-114-11174-7
定　　价:	55.00元

(有印刷、装订质量问题的图书,由本社负责调换)

前　言 QIANYAN

根据原交通部交公路发〔2006〕190号文《关于下达2006年度公路工程标准制修订项目计划的通知》的要求，由中交路桥技术有限公司承担《公路工程抗震设计规范》(JTJ 004—89)（以下简称"原规范"）的修订工作。参加规范编制工作的还有同济大学、中国地震局工程力学研究所、交通运输部公路科学研究院、长安大学、中交公路规划设计院有限公司、哈尔滨工业大学、云南省交通规划设计研究院等单位。

《公路工程抗震规范》(JTG B02—2013)（以下简称"抗震规范"）是对原规范的全面修订，经交通运输部批准后于2014年2月1日实施。

为充分重视公路工程的抗震防灾，结合抗震防灾理论研究的不断深入和实践经验的持续总结和提升，依照交通运输部主管部门的设想，将《公路工程抗震规范》(JTG B02—2013)作为行业的基础性规范之一，再配合相应的推荐性标准，如已经颁布的《公路桥梁抗震设计细则》(JTG/T B02-01—2008)，以构成一个完整的体系。

规范的编写组在总结近年来国内外工程实践经验和科研成果的基础上，依据《中华人民共和国防震减灾法》的要求和《中国地震动参数区划图》(GB 18306—2001)的规定，对原规范进行了系统的修订，期间，广泛征求了业内外有关单位和专家的意见，同时，适当吸取了2008年汶川大地震中的抗震经验，在此基础上，完成了《公路工程抗震规范》(JTG B02—2013)。

修订后，抗震规范由九章、一个附录构成，主要内容包括基本要求、地基和基础、桥梁、隧道、挡土墙、路基、涵洞等的抗震要求。较原规范变化主要有：

（1）根据《中国地震动参数区划图》（GB 18306—2001）的有关规定，修改了地震作用的表述方法，用地震动参数代替地震基本烈度作为表征地震作用的主要形式。

（2）增加了"基本规定"章，对公路工程抗震设防目标、设防标准、地震作用、抗震设计的要求及基本的抗震措施做出了系统的规定，突出了"概念设计"的理念。

（3）调整了对公路工程构筑物的抗震重要性分类和设防标准的规定，提出了对于生命线工程和有特殊要求的工程，可以结合具体情况适当提高抗震设防等级的要求。

（4）增加了液化土的判别及处治措施的内容。

（5）提出了桥梁两水平设防的设计要求和方法，增加了桥梁延性设计和减隔震设计的基本要求。

（6）增加了一些成功的抗震设防措施，并尽量使其与地震作用相对应，提高规范的可操作性。

本手册的编写体例采用与抗震规范相对应的方式，第1章总则由鲍卫刚、刘延芳编写，第3章基本规定由鲍卫刚、李建中、刘延芳、苗家武编写，第4章地基和基础由鲍卫刚、赵茂才编写，第5章桥梁由李建中、王克海、刘延芳、苗家武、康士彬、董振华、李冲、惠迎新编写，第6章隧道由鲍卫刚编写，第7章挡土墙由鲍卫刚、赵茂才编写，第8章路基由鲍卫刚和昆明理工大学的潘文编写，第9章涵洞由刘延芳编写。为便于理解与应用抗震规范，本手册提供了3个附件，附件1地震震害由四川省交通运输厅公路规划勘察设计研究院庄卫林编写；附件2连续梁抗震分析算例由康士彬、刘延芳编写，附件3斜

前言

拉桥抗震分析算例由李建中、刘延芳编写。全书由鲍卫刚统稿审定。

本手册内容如有与《公路工程抗震规范》(JTG B02—2013) 不一致之处，以后者规定为准。为便于读者阅读，本手册中抗震规范条文采用楷体，条文释义内容采用宋体。

抗震规范的修订或编制体现了当时阶段对相关技术和管理问题的相对成熟或通用的认识，鉴于对地震机理和抗震防灾技术的认识深度等原因，某些科研成果暂时没有及时纳入抗震规范的技术规定中，期待在进一步验证、完善或深入研究后再补充进入抗震规范中。

鲍卫刚

2014 年 2 月于北京

目 录 MULU

1 总则 ·· 1
2 术语和符号 ··· 9
 2.1 术语 ·· 9
 2.2 符号 ·· 11
3 基本规定 ··· 14
 3.1 桥梁工程抗震设防标准 ··· 14
 3.2 其他公路工程构筑物抗震设防标准 ································ 22
 3.3 地震作用 ·· 24
 3.4 作用效应组合 ·· 25
 3.5 抗震设计 ·· 26
 3.6 抗震措施 ·· 28
4 地基和基础 ··· 34
 4.1 一般规定 ·· 34
 4.2 天然地基抗震承载力 ··· 35
 4.3 液化地基 ·· 36
 4.4 桩基础 ··· 42
5 桥梁 ··· 44
 5.1 一般规定 ·· 44
 5.2 设计加速度反应谱 ··· 47
 5.3 设计地震动时程 ·· 52
 5.4 抗震设计 ·· 57
 5.5 强度和变形验算 ·· 64
 5.6 抗震措施 ·· 69

6 隧道 ··· 85
6.1 一般规定 ··· 85
6.2 强度和稳定性验算 ······································ 87
6.3 抗震措施 ··· 89

7 挡土墙 ·· 94
7.1 一般规定 ··· 94
7.2 强度和稳定性验算 ······································ 94
7.3 抗震措施 ··· 105

8 路基 ··· 107
8.1 一般规定 ··· 107
8.2 抗震稳定性验算 ·· 108
8.3 抗震措施 ··· 113

9 涵洞 ··· 120

附录 A 地震土压力计算 ·· 121

本规范用词用语说明 ··· 123

附件 1 地震震害 ·· 124

附件 2 连续梁抗震分析算例 ······································ 145

附件 3 斜拉桥抗震分析算例 ······································ 166

1 总则

1.0.1 为落实预防为主的防震减灾工作方针，减轻公路工程构筑物的地震破坏，保障人民生命财产的安全和减少经济损失，依据《中华人民共和国防震减灾法》，制定本规范。

2009年5月1日起施行的《中华人民共和国防震减灾法》指出，防震减灾工作实行预防为主、防御与救助相结合的方针，其对我国的防震减灾工作提出了明确要求和具体规定。

地震是对人类生存安全危害最大的自然灾害之一。我国地处世界两大地震带——环太平洋地震带和亚欧地震带之间，是世界上地震活动最强烈和地震灾害最严重的国家之一，尤其是1976年的唐山大地震和2008年的汶川大地震。我国占全球陆地面积的7%，但20世纪全球大陆35%的7.0级以上地震发生在我国；20世纪全球因地震死亡120万人，我国占59万人，居各国之首。我国大陆大部分地区位于地震烈度Ⅵ度以上区域；50%的国土面积位于Ⅶ度以上的地震高烈度区域，包括23个省会城市和2/3的百万人口以上的大城市。

我国各级政府一直十分重视抗震防灾问题。

国发〔2000〕14号文《国务院关于进一步加强防震减灾工作的通知（抗震规划、设防、加固部分）》指出：加强对工程抗震技术、新材料和新结构体系研究与工程震害的分析，不断提高抗震技术水平和抗震能力。要加强地震安全性评价工作，对工程建设提供必要的防范措施。各地区、各有关部门要加大投入，采取有效措施，加强对现有工程的抗震鉴定与加固工作。建设工程必须按照抗震设防要求和抗震设计规范进行抗震设计。

国发〔2010〕18号文《国务院关于进一步加强防震减灾工作的意见》要求：加强建设工程抗震设防监管。完善全国地震区划图，科学确定抗震设防要求。修订抗震设计规范和分类设防标准。要把抗震设防要求作为建设项目可行性论证的必备内容，严格按照抗震设防要求和工程性建设标准进行设计。加强工程勘查、设计、施工、监理和竣工验收等环节的抗震设防质量监管，切实落实工程建设各方责任主体的质量责任。全面提升交通基础设施抗震能力。严格落实公路、铁路、航空、水运等交通设施抗震设防标准，加快危险路段、桥梁整治改造，在地震重点监视防御区、人口稠密和经济发达地区适当提高设防标准。完善交通运输网络，建立健全紧急情况下运力征集、调用机制，增强应对巨灾的区域综合运输协调能力和抢通保通能力。

交通运输部交公路发〔2008〕446号文《关于进一步提高公路基础设施防震抗震能力的若干意见》强调：要充分认识全面加强和提高公路基础设施防震抗震能力建设的重要意义，增强忧患意识，始终将公路基础设施防震减灾工作放在突出重要的位置，认真做好，确保"生命线"的畅通和安全，增强公路基础设施防震抗灾的风险意识。科学评估，合理确定设防标准。进一步加强公路基础设施抗震防灾基础科学、抗震设防标准的研究力度，提高地震对公路基础设施破坏机理的认识，不断增强公路基础设施的抗震性能检测评价能力，以及高烈度地震区公路基础设施建设和恢复重建水平。

2010年5月17日，交通运输部在成都召开全国交通基础设施抗震减灾技术研讨会，明确提出：要进一步加快科技创新，为提高交通防灾减灾和应急保障能力提供更有力的科技支撑。继续开展交通防灾减灾基础性、前瞻性关键技术研究。加快形成交通防灾减灾系列技术储备，继续保持稳定的科技投入。同时，要加强防灾减灾科技成果的转化应用。

《国家防震减灾规划（2006—2020年）》指出：地震是我国今后一段时期面临的主要自然灾害之一。迅速提高我国预防和减轻地震灾害的综合能力，是实施城镇化战略，解决三农问题，实现公共安全，构建和谐社会的必然要求。

原规范自颁布实施以来，对指导公路工程抗震设计，保证工程质量起到了重要的作用。随着我国公路建设的发展，以及近10年来国内外多次强震抗震救灾经验的积累，我国的工程技术人员在抗震设计理念、设计思想、设计方法和抗震构造措施上有了新的认识。

2008年的汶川大地震，给公路工程构筑物造成了巨大的破坏。从外部看，一是次生地质灾害，包括滑坡和崩塌、震后的泥石流、卵砾石液化等引发或造成了大量公路工程构筑物的破坏，且随不同地貌、不同岩性条件下次生灾害的发育程度而有很大的不同；二是对于公路工程构筑物本身来说，基本经受了汶川大地震的考验，从整体上表明原规范所规定的设防标准基本符合我国国情，与我国的经济发展水平基本匹配；三是采取了一定防护或保护措施的公路工程构筑物，如挡土墙、不同形式的边坡防护措施（挂网、护面墙、骨架防护等）、桥梁挡块等，在汶川大地震中均实现了预计的功能性要求，对减轻地震灾害的影响以及抗震救灾都起到了应有的作用。同时，隧道结构在汶川地震中的整体表现良好，没有出现显著的震害。

1.0.2 本规范适用于各等级公路的工程构筑物抗震设计。

原规范规定：规范适用于中国地震烈度区划图中所规定的基本烈度为7、8、9度地区的公路工程抗震设计。对于基本烈度大于9度的地区，公路工程的抗震设计应进行专门研究；基本烈度为6度地区的公路工程，除国家特别规定外，可采用简易设防。

《中华人民共和国防震减灾法》第35条规定：新建、扩建、改建建设工程，必须达到抗震设防要求。《国家防震减灾规划（2006—2020年）》的要求：位于地震烈度6度及以上地区的城市，全部完成修订或编制防震减灾规划，新建工程全部实现抗震设防。抗震规范适用于桥梁、挡土墙、路基、隧道、涵洞等各等级公路工程构筑物，所有的公路工程构筑物都应考虑抗震防灾的要求。

1.0.3 公路工程构筑物应进行抗震设计。不需要进行专门工程场地地震安全性评价的公路工程构筑物，应根据现行《中国地震动参数区划图》（GB 18306）规定的地震动参数进行抗震设防。地震动峰值加速度大于或等于0.40g地区的公路工程构筑物的抗震设计应专门研究。

《中华人民共和国防震减灾法》第38条规定：建设单位对建设工程的抗震设计、施工的全过程负责。设计单位应当按照抗震设防要求和工程建设强制性标准进行抗震设计，并对抗震设计的质量以及出具的施工图设计文件的准确性负责。施工单位应当按照施工图设计文件和工程建设强制性标准进行施工，并对施工质量负责。建设单位、施工单位应当选用符合施工图设计文件和国家有关标准规定的材料、构配件和设备。工程监理单位应当按照施工图设计文件和工程建设强制性标准实施监理，并对施工质量承担监理责任。

2001年，中国地震局颁布了《中国地震动参数区划图》（GB 18306—2001），以地震动峰值加速度来表征地震动的主要特性。长期以来，人们已习惯的综合考虑地震动峰值加速度、地震震后的地表变化及结构物的破坏程度等宏观现象而确定的地震烈度的概念，在 GB 18306 中不再使用。抗震规范采纳了与 GB 18306 相对应的表述方式。

《中国地震动参数区划图》（GB 18306）对各类场地的区划有了一个比较清晰的划分标准，具体的规定也详尽许多，接近修订完成的新版《中国地震动参数区划图》已经将具体的场地地震动参数细分至全国各地具体的村镇，也规定了反应谱标准曲线，这些都将十分便利于各行各业的使用。公路工程构筑物的抗震理论研究和应用实践研究的成熟成果很多，不少的抗震工程技术措施和构造措施经受了地震的考验和检验。

但同时，对地处地震动峰值加速度大于 0.40g 地区的震害调查工作开展得很少，缺乏相应的强震观察记录资料，如何科学、合理、恰当地设计地震动峰值加速度大于 0.40g 地区的公路工程构筑物，分析强震作用下的抗震措施的工作机理等，需要进一步地研究，暂难以提出系统的规律性的具体指导意见。因此，抗震规范也不具备条件对相关具体条文做出规定。

1.0.4 独立特大型桥梁工程及独立特长隧道工程、地震动峰值加速度大于或等于 0.40g 地区的高速公路和一级公路的抗震危险地段，应按照有关规定，进行工程场地地震安全性评价。

《中国地震动参数区划图》（GB 18306）规定的地震动峰值加速度是对应于 475 年重现期的设防水准，给出的地震动峰值加速度与场地的实际的岩土工程条件关系不大，对于做过工程场地安全性评价的公路工程构筑物，应按批准的地震安全性评价实际确定的地震动参数进行抗震设防。

《中华人民共和国防震减灾法》第 35 条规定：重大建设工程和可能发生严重次生灾害的建设工程，应当按照国务院有关规定进行地震安全性评价，并按照经审定的地震安全性评价报告所确定的抗震设防要求进行抗震设防。建设工程的地震安全性评价单位应当按照国家有关标准进行地震安全性评价，并对地震安全性评价报告的质量负责。其他建设工程，应当按照地震烈度区划图或者地震动参数区划图所确定的抗震设防要求进行抗震设防。第34条规定：国务院地震工作主管部门和省、自治区、直辖市人民政府负责管理地震工作的部门或者机构，负责审定建设工程的地震安全性评价报告，确定抗震设防要求。

及时有效地对社会有重大价值或者有重大影响的一些特殊的或结构极其复杂的构筑物，以及可能发生严重次生灾害的公路工程构筑物工程，开展地震安全性评价，便于正确评估工程在遭受地震后可能产生的具体工程的损伤程度，提前采取恰当的工程措施，也便于损坏后的快速修复，保障抗震救灾工作的顺利开展，以及灾后重建工作。

抗震规范对"重大建设工程和可能发生严重次生灾害的建设工程"的定义，结合公路工程的具体特点，予以了进一步的明确。

对具体工程来说，地震安全性评价可以促进工程抗震学科及其相关技术的发展和进步。对于桥梁工程，地震安全性评价可以得到桥址处的地震动参数，有利于深入研究桥梁结构的抗震性能，进行更为深入细致的抗震分析和计算，选择更为安全、合理的设计，有利于研究开发桥梁的抗震构造措施，并通过一定的理论和试验研究来考量所采取抗震措施的效果。

原规范规定：对于修建特别重要的特大桥的场址，宜进行烈度复核或地震危险性分析。抗震规范将作工程场地安全性评价工作的对象扩大到独立特大型桥梁工程及独立特长隧道工程，地震动峰值加速度大于或等于0.40g区域的高速公路和一级公路的地震危险地段，并对此工作予以了强调。

独立特大型桥梁工程及独立特长隧道工程，无论是其在公路交通通道上的重要性，还是其社会价值或社会影响程度，以及其极高的设计建造的技术复杂性程度，都决定了一旦在地震作用下产生一些难以预控的损伤，难以修复，将对社会产生极其不利的影响，必须予以充分的重视。高速公路和一级公路在我国公路生命线工程中占有重要的地位，抗震规范规定：地震动峰值加速度大于或等于0.40g区域的高速公路和一级公路的抗震危险地段，应按照有关规定，进行工程场地地震安全性评价。

同时，抗震规范已经在《中华人民共和国防震减灾法》规定的基础上，主要依据《中国地震动参数区划图》(GB 18306)的基本抗震设防要求，对通用形式的公路工程构筑物提供了用于抗震分析和计算的基本方法、参数和公式、基本的构造措施，故不建议将开展地震安全性评价的范畴过于扩大。

工程场地的地震安全性评价，主要是在研究工程场地及其附近区域内的地震地质构造、地震衰减关系特征的基础上，通过建立适合工程场地区域的地震安全性分析模型，划分出相应的潜在震源区，确定地震动的相关参数。经过一系列的运算，给出场地不同年限、不同超越概率水平下的烈度、加速度峰值、加速度时程等，作为抗震设防的依据。

工程场地的安全性评价的技术要求，可以按照《工程场地地震安全性评价技术规范》(GB 17741—2005)的基本规定，结合公路工程构筑物的具体特点，开展相应的工作。一般应得到如下用于行政和技术决策以及工程建设需要的结果：

(1) 工程场址1年、50年、100年的地震加速度、速度、唯一的超越概率曲线；

(2) 场址地区基岩表面不同超越概率的加速度反应谱；

(3) 满足年超越概率为2×10^{-3}、1×10^{-3}、2×10^{-4}的基本峰值加速度、反应谱、持续时间的加速度时程；

(4) 场址地区土的非线性动力参数（剪切模量比、阻尼比、剪切波速）以及土层传递函数谱；

(5) 地面竖向及水平向地震波时间历程，不同超越概率的加速度、速度、位移及反应谱；

(6) 墩台基础底面的加速度峰值、反应谱和相应的时程；

(7) 场址地区的滑坡、液化等低级失效安全性分析。

根据以上地震安全性分析结果，对工程项目进行决策，选择合理、安全的抗震、设防依据。

首先对工程建设场址地震作用超越概率的取值进行决策，因为该值为工程结构抗震设计中的最基本的设计依据。超越概率值是个具体的安全度的取值问题，用于确定地震作用大小并表明该工程构筑物可接受的安全性程度。在决策其超越概率大小时，应考虑以下三方面的因素：

（1）根据构筑物的重要性程度等确定构筑物的设计基准期；

（2）发生地震后，构筑物功能丧失而可能产生的次生灾害的损失；

（3）项目业主所能承担的抗震防灾的最大经济实力。

其次，根据地震安全性评价分析结果，对建设工程承担地震风险较大的需要进行决策。可进行安全性转移，处理方法常用的有如下几种：

（1）对于重点工程或社会影响大的工程，如投资规模大，可转移至建设场地条件更好、相对安全的场址；

（2）有条件时，改变构筑物的结构类型，进行方案比选；

（3）通过购买保险来承担可能由地震所造成的损失。

1.0.5 地震动峰值加速度大于或等于 0.20g 的地区，可将对抗震救灾以及在经济、国防上具有重要意义的公路工程构筑物，或破坏后修复（抢修）困难的公路工程构筑物确定为生命线工程。生命线工程，可按国家批准权限，报请批准后，适当提高抗震设防标准。

综合汶川地震的经验教训，生命线工程在抗震救灾中具有举足轻重的作用。因此，对于一个区域的公路路网，可以提前规划或认定其为生命线工程，保证一旦发生类似地震这样的灾害，至少有一个可以使用的公路通道。规划时，要优先考虑建设条件相对较好、抗灾能力强、能够保障对外交通并具有较强的应变交通能力的通道作为生命线工程。

国务院（国发〔2010〕18号文）《国务院关于进一步加强防震减灾工作的意见》提出：城乡建筑、重大工程和基础设施能抗御相当于当地地震基本烈度的地震。严格落实公路、铁路、航空、水运等交通设施抗震设防标准，加快危险路段、桥梁整治改造，在地震重点监视防御区、人口稠密和经济发达地区适当提高设防标准。根据上述精神，抗震规范做出了相应规定。

公路路网的布局会随着各地区政治、经济的发展发生一定的变化，生命线工程的认定也可以随之予以适当调整。

1.0.6 公路工程构筑物的抗震设计应积极采用成熟可靠的新技术、新材料、新设备、新工艺。

《中华人民共和国防震减灾法》第43条规定：国家鼓励、支持研究开发和推广使用符合抗震设防要求、经济实用的新技术、新工艺、新材料。《国家综合防灾减灾规划（2011—2015年）》提出：开展防灾减灾新材料、新产品和新装备研发。建设防灾减灾技术标准体系，提高防灾减灾的标准化水平。新技术、新材料、新设备、新工艺的应用程度也是工程抗震技术进步的标志之一。

1.0.7 公路工程构筑物的抗震设计除应符合本规范的规定外，尚应符合国家和行业现行有关标准的规定。

规范体系是一整体，抗震规范主要涉及与抗震有关的技术规定，其他，如涉及安全、耐久性、材料、施工、质量、管理等方面的内容需要按照相应的标准去执行。

2 术语和符号

2.1 术语

2.1.1 抗震设防标准　seismic fortification criterion
衡量抗震设防要求的尺度，根据地震动参数和公路工程构筑物使用功能的重要性确定。

2.1.2 设计基本地震动峰值加速度　design basic acceleration of ground motion
50年超越概率10%的地震动峰值加速度，也即重现期为475年的地震动峰值加速度。

2.1.3 地震作用　earthquake action
作用在结构上的地震动，包括水平地震作用和竖向地震作用等。

2.1.4 E1地震作用　E1 earthquake action
重现期为475年的地震作用。

2.1.5 E2地震作用　E2 earthquake action
重现期为2 000年的地震作用。

2.1.6 地震效应　seismic effect
由地震作用引起的结构内力与变形等效应的总称。

2.1.7 特征周期　characteristic period
抗震设计用的加速度反应谱曲线下降段起始点对应的周期值，取决于地震环境和场地类别。

2.1.8 抗震有利地段 seismic favorable site

建设场地及其邻近无晚近期活动性断裂,地质构造相对稳定,同时地基为比较完整的岩体、坚硬土或开阔平坦密实的中硬土等地段。

2.1.9 抗震不利地段 seismic unfavorable site

软弱黏性土层、液化土层和地层严重不均匀的地段,地形陡峭、孤突、岩石松散、破碎的地段,以及地下水位埋藏较浅、地表排水条件不良的地段。

2.1.10 抗震危险地段 seismic risk site

河滩和边滩内基岩具有倾向河槽的构造软弱面且其被水流所切割、独立于岩盘的地段,通过发震断裂的地段,地震时可能发生大规模滑坡、崩塌等而严重阻断交通的各种地段。

2.1.11 液化 liquefaction

地震中覆盖土层内孔隙水压急剧上升,一时难以消散,导致土体抗剪强度大幅度降低的现象。多发生在饱和粉细砂中,常伴生喷水、冒沙以及构筑物沉陷、倾倒等现象。

2.1.12 弹性抗震设计 elastic seismic design

不允许结构在地震中发生塑性变形,用构件的强度控制结构设计的抗震设计方法。设计中只需校核构件的强度是否满足要求。

2.1.13 延性抗震设计 ductility seismic design

受到E2地震作用时,允许桥梁结构在地震中发生可控塑性变形,但不发生严重损伤的设计方法。设计时不仅采用构件的强度作为衡量结构性能的指标,同时要校核构件的延性能力是否满足要求。

2.1.14 延性构件 ductile member

延性抗震设计时,允许发生塑性变形的构件。

2.1.15 能力保护设计 capacity design

对延性抗震设计桥梁的基础、上部结构构件,以及可能出现塑性铰的桥墩的非塑性铰区进行的加强设计。目的是保证非塑性铰区的弹性能力高于塑性铰区，避免非塑性铰区发生塑性变形和剪切破坏。

2.1.16 能力保护构件 capacity protected member

采用能力保护设计原则设计的构件。

2.1.17 减隔震设计 seismic isolation design

降低结构的地震反应和（或）减小输入到上部结构的能量的设计。一般采用在桥梁上部结构和下部结构或下部结构和基础之间设置减隔震系统，以增大原结构体系阻尼和（或）周期等措施。

2.1.18 抗震措施 seismic measures

地震作用计算和抗力计算以外的抗震设计内容，包括抗震构造措施。

2.1.19 基本周期 fundamental period

结构按基本振型完成一次自由振动所需的时间。

2.2 符号

2.2.1 作用和作用效应

E_h——作用于挡土墙重心处的水平向总地震作用标准值；

E_{hsi}——作用于路基计算土体重心处的水平地震作用；

E_{ih}——第 i 截面以上墙身重心处的水平地震作用标准值；

E_{vsi}——作用于路基计算土体重心处的竖向地震作用；

G_i——第 i 截面以上墙身圬工的重力；

G_s——路基计算土体的重力；

S_{max}——水平设计加速度反应谱最大值。

2.2.2 计算系数

A_h——水平向设计基本地震动峰值加速度；

A_v——竖向设计基本地震动峰值加速度；

K——地基抗震容许承载力调整系数；

K_a——非地震作用下作用于挡土墙背的主动土压力系数；

K_c——抗滑动稳定系数；

K_o——抗倾覆稳定系数；

C_d——阻尼调整系数；

C_e——液化抵抗系数；

C_i——抗震重要性修正系数；

C_s——场地系数；

C_z——综合影响系数；

γ_e——地震作用分项系数；

γ_g——永久作用分项系数；

γ_s——预应力钢筋或非预应力钢筋分项系数；

ρ_c——黏粒含量百分率；

ψ——作用组合系数；

ψ_i——水平地震作用沿墙高的分布系数。

2.2.3 材料性能和几何参数

d_b——基础埋置深度；

d_s——饱和土标准贯入点深度；

d_u——上覆非液化土层厚度；

d_w——地下水位深度；

d_0——液化土特征深度；

E——材料弹性模量；

f_a——深宽修正后的地基承载力容许值；

f_{aE}——调整后的地基抗震承载力容许值；

H——路基边坡或挡土墙高度；

H_w——路堤浸水常水位的深度；

γ——土的重度。

2.2.4 其他符号

g——重力加速度；

I_{lE}——液化指数；

N_{cr}——修正的液化判别标准贯入锤击数临界值；

N_i——i 点处标准贯入锤击数的实测值，当实测值大于临界值时应取临界值的数值。

3 基本规定

3.1 桥梁工程抗震设防标准

3.1.1 桥梁抗震设防类别应按表 3.1.1 确定。

表 3.1.1 桥梁抗震设防类别

桥梁抗震设防类别	桥梁特征
A 类	单跨跨径超过 150m 的特大桥
B 类	单跨跨径不超过 150m 的高速公路、一级公路上的桥梁，单跨跨径不超过 150m 的二级公路上的特大桥、大桥
C 类	二级公路上的中桥、小桥，单跨跨径不超过 150m 的三、四级公路上的特大桥、大桥
D 类	三、四级公路上的中桥、小桥

抗震设防标准是指在综合考虑工程结构的重要性、场地的地震危险性和当地的社会经济状况等多种因素下，为保证工程结构在其寿命期内的地震损失不超过预期规定的水平或社会可接受的水平，规定工程结构必须具备的抗震能力。其核心问题是如何正确地解决设防水准与设防原则及目标之间的关系。

在抗震设防的早期阶段，抗震设防是以单一设防水准，采用基于强度的设计方法来保证结构安全为标准的。原规范采用超越概率为 50 年 10% 的地震动作为单一水准设防进行桥梁抗震设计，抗震设计方法为基于强度的抗震设计理论。但 20 世纪 80 年代以来，世界上发生的几次大的地震，如 1989 年美国的洛马·普里埃塔（Loma Prieta）地震（M7.0）、1994 年美国的北岭（NorthRidge）地震（M6.7）及 1995 年的日本阪神（Kobe）地震（M7.2），虽然都是中等震级的地震，但却造成了极为惨重的经济损失。基于对上述问题的深刻反思，引发了地震工程界对抗震设防水准、结构安全和经济性之间合理关系的重新认识。美国学者于 20 世纪 90 年代初提出了基于性能的抗震设计思想，并在政府的资助下启动了

3 基本规定

许多相关的研究项目，随后受到各国学者的广泛关注。基于性能的抗震设计理论针对不同的结构特点和性能要求，综合考虑和应用设计参数、结构体系、构造措施和减震装置来保障桥梁结构在各级地震水平作用下的抗震性能。

原则上，在对桥梁进行抗震设计时，国内外均是首先根据结构的重要性进行抗震设防分类，在此基础上给出相应类别桥梁的地震设防水平和性能要求。考虑到公路桥梁的重要性和在抗震救灾中的作用，本着确保重点和节约投资的原则，根据桥梁的重要性和修复的难易程度，抗震规范将桥梁抗震设防类别分为A、B、C、D四类。

3.1.2 桥梁抗震设防目标应按表3.1.2确定。

表3.1.2 各设防类别桥梁的抗震设防目标

桥梁抗震设防类别	设防目标	
	E1地震作用	E2地震作用
A类	不受损坏或不需修复可继续使用	可发生局部轻微损伤，不需修复或经简单修复可继续使用
B类、C类	不受损坏或不需修复可继续使用	不致倒塌或产生严重结构损伤，经临时加固后可供维持应急交通使用
D类	不受损坏或不需修复可继续使用	—

桥梁抗震设防水平是衡量结构抗震要求高低的尺度，主要由结构设计地震动参数及相应结构的性能目标所确定。桥梁工程抗震设防水平的确定主要包含两个方面的内容：

（1）根据桥梁结构的重要性程度选择桥址场地地震作用水平；

（2）确定结构相应的性能目标要求。

目前，地震作用水平一般都用场地超越概率或地震重现期来描述；而性能目标则主要是指结构在设计地震作用下要求结构应达到的性能，如要求结构不损伤，可发生局部可修复损伤但不影响紧急救援车辆通行或可发生严重损伤但不倒塌等的性能要求。中国、日本等国家的桥梁抗震设计规范采用多水平抗震设防，而美国和欧洲桥梁抗震规范则采用单一水平抗震设防。桥梁抗震设防水平的选择，既要使抗震设防的经济投入符合实际情况，又要使地震时设防桥梁的破坏达到预期目标。

抗震规范中公路桥梁采用两水平抗震设防，即要求进行 E1 和 E2 两个水平地震作用下抗震设防和抗震设计。相应于 E1 和 E2 地震作用，参照国外桥梁抗震设防的性能目标要求（表 3-1），抗震规范规定：A 类桥梁的抗震设防目标是 E1 地震作用下不发生损伤，E2 地震作用下可产生有限损伤，但地震后应能立即维持正常的交通通行；B、C 类桥梁的抗震设防目标是 E1 地震作用下不应发生损伤，E2 地震作用下不致倒塌或产生严重结构损伤，经临时加固后可供维持应急交通使用；D 类桥梁的抗震设防目标是 E1 地震作用下不发生损伤。实际上，是将"小震不坏、中震可修、大震不倒"的理念贯彻到具体的结构类型上，在此基础上，进行结构的抗震设计。

表 3-1 国外相关规范所规定的抗震性能水平

规范	设防水准	设防类别	性能目标
美国 AASHTO	设计地震（重现期 475 年）	其他桥梁	—
		一般桥梁	应能对所有车辆开放
		重要桥梁	至少应能保证对应急车辆或安全和国防考虑的车辆开放
	最大可信地震（重现期 2 000 年）	重要桥梁	对应急车辆或安全和国防考虑的车辆开放
欧洲规范	水准Ⅰ（重现期 95 年）		设计地震发生后，设计用来消耗能量的结构部位只发生轻微破坏，破坏不会导致交通量减小，无须立即修复
	水准Ⅱ（重现期 475 年）		设计地震发生后，尽管结构的某些部位遭到较大程度的破坏，但结构仍能保持其整体性和有足够的残余能力
美国 Caltrans	功能性评估地震（重现期 475 年）	普通桥梁	使用水准：可立即使用：地震发生后即可完全恢复正常通行
			损坏水准：可修复的损坏：在丧失功能的最小风险下损坏可修复
		重要桥梁	使用水准：可立即使用：地震发生后即可完全恢复正常通行
			损坏水准：轻微的损坏：仍保持弹性性能
	安全性评估地震（重现期 2 000 年）	普通桥梁	使用水准：有限损坏：地震发生后数天内可有限使用，几个月内可完全恢复使用

续上表

规范	设防水准	设防类别		性能目标
美国 Caltrans	安全性评估地震（重现期2 000年）	普通桥梁	损坏水准	严重破坏：倒塌的风险很小，但需要封闭进行修复
		重要桥梁	使用水准	可立即使用：地震发生后几乎可完全恢复正常通行
			损坏水准	可修复的损坏：在丧失功能的最小风险下损坏可修复
日本规范	水准Ⅰ（高发生概率）	标准桥梁（A型）	安全性	上部结构不脱开
			使用功能	具有与震前相同的功能
			可修复性	短期内为恢复交通，不需要修复；长期需要简单的修复
		重要桥梁（B型）	安全性	上部结构不脱开
			使用功能	具有与震前相同的功能
			可修复性	短期内为恢复交通，不需要修复；长期需要简单的修复
	水准Ⅱ（低发生概率）	标准桥梁（A型）	安全性	上部结构不脱开
			使用功能	—
			可修复性	—
		重要桥梁（B型）	安全性	上部结构不脱开
			使用功能	可尽早恢复功能
			可修复性	短期内临时修复可恢复功能；长期永久性的修复比较容易

17

3.1.3 桥梁抗震重要性修正系数 C_i 应按表 3.1.3 确定。

表 3.1.3 桥梁抗震重要性修正系数 C_i

桥梁抗震设防类别	E1 地震作用	E2 地震作用
A 类	1.0	1.7
B 类	0.43（0.5）	1.3（1.7）
C 类	0.34	1.0
D 类	0.23	—

注：高速公路和一级公路上单跨跨径不超过150m的大桥、特大桥，其抗震重要性修正系数取B类括号内的值。

原规范采用桥址处地震基本烈度的地震动（50年10%超越概率的地震动）作为单一设防地震，其中，桥址处地震基本烈度峰值加速度数值可由现行《中国地震动参数区划图》(GB 18306)查取地震动峰值加速度，见表3-2。

表 3-2 地震基本烈度和地震动峰值加速度的对应关系

地震基本烈度	6 度	7 度	8 度	9 度
地震动峰值加速度	0.05g	0.10（0.15）g	0.20（0.30）g	0.40g

注：g 为重力加速度。

原规范的抗震设计方法为基于强度的抗震设计方法。其主要的设计过程为：首先，计算结构的自振周期，并根据弹性加速度反应谱计算结构的弹性地震力；采用综合影响系数对弹性地震力进行折减，得到结构的设计地震力对桥墩强度进行验算。

抗震规范取消了综合影响系数，采用两水平设防、两阶段设计，通过第一阶段的抗震设计，即对应E1地震作用的抗震设计，可达到与原规范基本相当的抗震设防水准；通过第二阶段的抗震设计，即对应E2地震作用的抗震设计，来保证结构具有足够的延性能力，通过验算，确保结构的延性能力大于延性需求。其中各类桥梁E1和E2地震作用的峰值加速度值是基于《中国地震动参数区划图》(GB 18306)查得的地震基本烈度动峰值加速度值乘以相关调整系数（抗震规范称重要性系数）来得到的。

1. E1 地震作用重要性修正系数

抗震规范将公路桥梁分为A、B、C、D四个抗震设防类别，其中A类为单跨跨径超过150m的特大桥，B类涵盖了原规范重要性修正系数为1.7和1.3的桥梁，C类和D类桥梁分别与原规范重要性修正系数为1.0和0.6的桥梁相同。表3-3给出了原规范考虑结构重要性修正系数和综合影响系数后计算出的设计地震峰值加速度。

表3-3 原规范考虑的重要性修正系数和综合影响系数后的设计峰值加速度值

重要性修正系数 \ 综合影响系数	0.20	0.25	0.30	0.33	0.35
1.7	$0.34A$	$0.425A$	$0.51A$	$0.561A$	$0.595A$
1.3	$0.26A$	$0.325A$	$0.39A$	$0.429A$	$0.455A$
1.0	$0.20A$	$0.25A$	$0.30A$	$0.33A$	$0.35A$
0.6	$0.12A$	$0.15A$	$0.18A$	$0.198A$	$0.21A$

注：A 为地震基本烈度峰值加速度值。

从表3-3可以看出，对于原规范中重要性修正系数为1.7的桥梁，考虑不同的综合影响系数后，地震峰值加速度值在 $0.34A \sim 0.595A$ 之间；重要性修正系数为1.3的桥梁，考虑不同的综合影响系数后，地震峰值加速度值在 $0.26A \sim 0.455A$ 之间；而重要性修正系数为1.0和0.6的桥梁，考虑不同的综合影响系数后，地震峰值加速度值分别在 $0.2A \sim 0.35A$ 之间和 $0.12A \sim 0.21A$ 之间。

由此可以看出，对于E1地震作用，针对各类桥梁，可通过引入表3-4的地震调整系数（抗震规范称重要性修正系数）来调整设计地震动加速度峰值，可以达到与原规范基本相当的抗震设防水准。

表3-4 桥梁抗震重要性修正系数 C_i

桥梁抗震设防类别	E1地震作用
A类	1.0
B类	0.43（0.5）
C类	0.34
D类	0.23

注：高速公路和一级公路上的单跨跨径不超过150m的大桥、特大桥，其抗震重要性修正系数取B类括号内的值。

表中的A类桥梁参考了近年来国内外特大跨径桥梁抗震设计的设防标准的具体实施情况，E1地震作用峰值加速度值直接取设计基本地震动，对应的地震动重现期为475年；B、C、D类桥梁对应的设计地震动重现期大约分别为75(100)年、50年和25年。

2. E2地震作用重要性修正系数

对于E2地震作用，B、C类桥梁的抗震重要性修正系数与原规范一致，抗震重要性修正系数分别取1.7、1.3和1.0，对应的设计地震动的重现期大约分别为2 000年、1 000年和475年；A类桥梁的抗震重要性修正系数，主要参考了近年来国内一些特大桥的设计标准，取为1.7，其设计地震动重现期大约为2 000年。

3.1.4 桥梁抗震措施设防烈度应按表3.1.4确定。

表3.1.4 桥梁抗震措施设防烈度

地震基本烈度		6	7		8		9
对应设计基本地震动峰值加速度		≥0.05g	0.10g	0.15g	0.20g	0.30g	≥0.40g
桥梁类别	A类	7	8	8	9	更高，专门研究	
	B类	7	8	8	9	9	≥9
	C类	6	7	7	8	8	9
	D类	6	7	7	8	8	9

由于工程场地可能遭受的地震的不确定性，以及人们对桥梁结构地震破坏机理的认识尚不完备，因此桥梁抗震实际上还不能完全依靠定量的计算方法。一些从震害经验中总结出来或经过基本力学概念启示得到的一些抗震措施被证明可以有效地减轻桥梁的震害。用较少的工程费用对上述薄弱环节予以局部加强，使整个构筑物的抗震能力得到提高。因此，针对不同的桥梁结构提出合适的抗震措施也是保证桥梁结构抗震性能的重要内容。

桥梁结构抗震措施作为桥梁结构概念设计的重要内容其重要性不亚于抗震分析计算。但抗震措施的使用不能与定量的分析结果相矛盾。简单地说，定量的设计计算是桥梁抗震的最基本部分，抗震措施的使用不能导致上述设计结果的失效。

原规范根据不同的设防烈度分别给出了7、8、9度区的桥梁结构的抗震构造措施要求。抗震规范结合了地震基本烈度和桥梁抗震设防类别两个因素，给出了相应桥梁抗震措施的要求。

抗震规范规定了一系列的抗震措施，保证结构在一定的塑性变形状态下仍不丧失稳定，使构筑物在高于设计地震动峰值加速度影响或在没有考虑到各种因素情况下仍具有一定的抗御地震的能力，并在一定范围内不致产生严重的后果。构筑物的抗震措施是提高构筑物抗震能力最有效的方法。因此，抗震规范和《建筑结构抗震设计规范》(GB 50011—2010)等均对抗震构造措施提出了更高和更细致的要求。

3.1.5 立体交叉的跨线桥梁的抗震设防标准应不低于下线工程对桥梁结构的抗震设防标准。

要减轻地震灾害，就要采取各种抗震措施，对工程结构进行抗震设防，这就免不了要增加工程的造价，而这些投资往往只能在遭遇设防地震时才能见到效益。因此，如何合理地进行工程抗震设防，使其既能有效地减轻工程的地震破坏和损失，又能合理地使用有限的资金，就成为工程抗震设计中需要解决的首要问题。这就是抗震设防标准的问题。

立体交叉的跨线桥梁，一旦遭受地震破坏，不仅会影响到上线交通，还会影响到下线交通。1971年圣费南多（San Fernando）地震中两座互通式立交桥严重倒塌毁坏（图3-1)；1989年洛马·普里埃塔（Loma Prieta）地震中城市高架桥受到了严重的破坏或倒塌（图3-2）；1994年1月17日4时31分发生的美国北岭（Northridge）地震中，7座大型立交桥倒塌，从而导致洛杉矶西北部地区大部分高速公路陷入瘫痪状态。其中包括一座SR-14与Ⅰ-5高速公路立交枢纽（图3-3）；1995年1月17日日本发生6.9级阪神（Kobe）地震，地震中遭到破坏的主要是高架桥，造成5 500人死亡，1 000亿美元的巨额经济损失（图3-4）。由此可见，立体交叉的跨线桥梁一旦在地震中受到破坏，影响范围颇大，不仅会造成严重的人员和经济损失，还会对之后的抗震救灾工作带来巨大的困难。因此，立体交叉的跨线桥梁的抗震设防标准应按上线不低于下线的抗震设防标准来进行选取。

图3-1 圣费南多地震中立交桥梁跨坠毁(加州5号高速干道与14号高速公路)

图3-2 美国洛马·普里埃塔地震中Cypress高架桥上层框架塌落

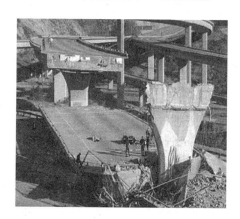

图3-3 SR-14和Ⅰ-5高速公路立交枢纽立交桥倒塌

图3-4 日本阪神地震中城市高架桥塌落

3.2 其他公路工程构筑物抗震设防标准

3.2.1 其他公路工程构筑物抗震设防目标应为:

1 高速公路、一级公路及二级公路的工程构筑物,在E1地震作用时,位于抗震有利地段的,经一般整修即可正常使用;位于抗震不利地段的,经短期抢修即可恢复使用;位于抗震危险地段的挡土墙、隧道等重要构筑物不发生严重破坏。

2 三级公路、四级公路工程构筑物，在 E1 地震作用时，位于抗震有利地段的，经短期抢修即可恢复使用；位于抗震不利地段的挡土墙、隧道等重要构筑物不发生严重破坏。

除桥梁外，公路工程构筑物还包括路基、挡土墙、隧道等，同时，公路的等级很大程度上体现了其在路网、交通运输中的综合地位，因此，按此原则确定其他公路工程构筑物的抗震设防目标。

3.2.2 其他公路工程构筑物的抗震重要性修正系数应按表 3.2.2 确定。

表 3.2.2 其他公路工程构筑物抗震重要性修正系数 C_i

公路等级	构筑物重要程度	抗震重要性修正系数 C_i
高速公路、一级公路	抗震重点工程	1.7
	一般工程	1.3
二级公路	抗震重点工程	1.3
	一般工程	1.0
三级公路	抗震重点工程	1.0
	一般工程	0.8
四级公路	抗震重点工程	0.8

注：抗震重点工程指隧道和破坏后抢修困难的路基、挡土墙工程。

除四级公路上抗震重点工程的重要性系数由 0.6 微调至 0.8 外，基本维持了原规范的重要性修正系数的规定。

3.2.3 其他公路工程构筑物的抗震措施，应根据现行《中国地震动参数区划图》（GB 18306）规定的所在地区地震动峰值加速度确定。

成熟、可靠的抗震构造措施，都是在总结构筑物在各个地震中的表现的基础上提炼出来的，采用较少的工程费用来提高构筑物的抗震能力，特别是抗震薄弱部位抗震能力的提高，是应该采取的一种务实的态度。据此，抗震措施的采用应与现行《中国地震动参数区划图》（GB 18306）规定的所在地区地震动峰值加速度对应的要求。

3.2.4 高速公路和一级公路上的台阶式路基和阶梯式挡土墙，其下部构筑物的抗震措施可较其对应的地震基本烈度提高一档采用，但对于地震基本烈度为

9度的地区，抗震措施应通过专门研究确定。

在地震作用下，构筑物遭到损害，并不意味着整个构筑物的强度和稳定性等都出现了问题，应该只是由于薄弱部位的强度或稳定性出现了问题才会导致构筑物的破坏，如挡墙的滑动等。对于这些部位在经济允许的前提下，贯彻"预防为主"的理念，适当预先采取一些抗震措施，提高构筑物的抗震能力，能够取得事半功倍的作用。但也不能提出相对过度的要求，一则对当时的经济条件，以及合理恰当的技术经济的投入产出能力的考量，二则对某些可能采用的重大抗震措施的抗震效果的分析确认，也即理论研究可能还存在需要进一步探讨的方面。

3.2.5 四级公路上的一般工程，可仅采用简易的抗震措施。

3.3 地震作用

3.3.1 公路工程构筑物的地震作用包括水平向地震作用和竖向地震作用，应根据场地设计地震动峰值加速度和地震动反应谱特征周期确定。

地震作用，是指由地壳运动引起的结构动态作用。为方便分析，可以将地震的作用划分为水平地震作用和竖向地震作用。

地震作用的计算，原则上需要3个方面的基本参数：确定地震最大影响系数与设计基本地震动峰值加速度的抗震设防烈度、确定场地特征周期的构筑物距震源的距离和场地类别。

对于体系相对简单的结构，地震作用的计算可以基于单质点体系和多质点体系动力学原理和方法，并在此基础上提出水平地震作用及竖向地震作用的简化计算方法，如水平地震作用的计算经常采用振型分解反应谱法。反应谱法可以针对不同的分析对象，采用单振型的或多振型的或等效线性化的反应谱分析方法。根据需要，也可以采用弹性或非线性的动态时程分析方法或其他可靠的分析方法。

3.3.2 公路工程构筑物的地震基本烈度和水平向、竖向设计基本地震动峰值加速度 A_h、A_v 的对应关系，应符合表3.3.2的规定。

表 3.3.2 地震基本烈度和设计基本地震动峰值加速度对应表

地震基本烈度	6	7		8		9
水平向 A_h	≥0.05g	0.10g	0.15g	0.20g	0.30g	≥0.40g
竖向 A_v	0	0		0.10g	0.17g	0.25g

地震的宏观现象表明，在高烈度区竖向地震的影响是十分明显的，设计验算时必须考虑竖向地震作用的影响。各个国家对竖向地震反应的观测和研究日益重视，取得了许多实测的结果。各个国家的抗震规范，大都规定竖向地震动加速度峰值的取值为水平向地震动加速度峰值的 0.50～0.65，抗震规范沿用了原规范的规定。

3.4 作用效应组合

3.4.1 公路工程构筑物抗震设计时应考虑下列作用：
1 永久作用，包括结构重力（恒载）、预应力、土压力、水压力。
2 地震作用，包括地震动的作用和地震土压力、水压力等。
3 可变作用，桥梁结构需考虑可能同期作用的一定量的可变作用。

地震作用，目前一般将它划归为偶然作用。有地震作用时的作用组合的计算，原则上包括构筑物的永久作用、地震作用和地震发生时可能同期存在于构筑物上的一定量的可变作用的组合。

3.4.2 季节性河流上的公路工程构筑物，可不考虑水流影响；常年有水的河流或水库区的公路工程构筑物，可按常水位计算水的压力。

地震作用与洪水同时发生的几率极小，为简化起见，规定季节性河流上的公路工程构筑物，可不考虑水流影响，常年有水放河流或水库区的构筑物，可按常水位计算水的浮力。

3.4.3 作用效应组合应包括永久作用效应与地震作用效应的组合，组合方式应包括各种效应的最不利组合。

目前，构筑物的设计原则上考虑不同极限状态下各种可能的作用效应的组合，取其最不利组合状态作为构筑物的相关控制指标的极限状态。

3.5 抗震设计

3.5.1 设计基本地震动峰值加速度大于或等于0.10g地区的B类和C类桥梁，应按E1地震作用进行弹性抗震设计计算，按E2地震作用进行延性抗震设计计算，并应采取相关抗震措施。

抗震设计包含两方面的内容，即抗震计算和抗震措施。

抗震规范根据桥梁的重要性和修复的难易程度，将桥梁抗震设防类别分为A、B、C、D四类。对于A类桥梁，即单跨跨径超过150m的特大桥（不含引桥），不在抗震规范的适用范围之内，故抗震规范仅针对B、C、D三类桥梁给出相应的抗震设计方法与设计要求。

对于设计基本地震动峰值加速度大于或等于0.10g地区的B、C类桥梁，抗震规范要求进行两水平设防、两阶段设计。对于第一阶段的抗震设计，即E1地震作用下，采用弹性抗震设计；第二阶段的抗震设计，即E2地震作用下，采用延性抗震设计方法，并引入能力保护设计原则。在抗震计算的基础上，还需要保证结构满足相关构造和抗震措施要求。

3.5.2 设计基本地震动峰值加速度大于或等于0.10g地区的D类桥梁，应按E1地震作用进行弹性抗震设计计算，并宜采取相关抗震措施。

D类抗震设防的桥梁指的是位于三、四级公路上的中、小桥。一方面由于中、小桥的桥梁结构构造、结构动力特性较为简单，另一方面由于所处的道路等级较低，再则基于地震作用的随机性及复杂性，因此对于该类桥梁结构，与其花费大量的费用和时间用在桥梁的抗震计算上，不如对其抗震构造措施加以严格规定，以保证其具备良好的抗震性能。

因此，抗震规范对于设计基本地震动峰值加速度大于或等于0.10g地区的D类桥梁，要求进行一水平设防、一阶段抗震计算，即E1地震作用下，采用弹性抗震设计，并在抗震计算的基础上，保证结构满足相关构造和抗震措施要求。

3.5.3 A类桥梁应在专门研究的基础上，按照本规范的抗震设防规定进行抗震设计。

近年来，我国修建了大量斜拉桥、悬索桥和跨度150m以上的梁桥和拱桥等。根据抗震规范的规定，该类桥梁结构的抗震设防类别均为A类。

大跨度桥梁的结构构造比较复杂，其地震反应的分析也比较复杂，如高阶振型的影响不可忽略，多点非一致激励（包括行波效应）的影响可能较大等。对于该类桥梁结构，相对而言，目前的抗震研究工作还不够充分系统，还无法给出普遍适用于该类桥梁结构的通用的抗震设计方法和设计要求，因此，基于这些桥型的复杂性，规范只给出这类桥梁结构抗震设防的相关规定，其抗震分析可以依据抗震规范规定的基本原则进行针对性的专项分析。

3.5.4 设计基本地震动峰值加速度大于或等于0.10g地区的其他公路工程构筑物，宜按地震基本动峰值加速度进行弹性抗震设计计算，并宜采取相关抗震措施。

工程构筑物抗震防灾的实践和研究在许多方面没有取得能够支持系统性的抗震设计的成果，如路基和隧道的抗震防灾技术还停留在个案和初步的理论研究成果的阶段，当然也可以适当引入一些诸如数值模拟技术来模拟，但总体而言，总结出系统性的规律来还需要一定的时日。

因此，抗震规范对设计基本地震动峰值加速度大于或等于0.1g地区的其他公路工程构筑物（如路基、挡墙、隧道等），规定在一般条件下按地震基本动峰值加速度进行弹性抗震设计计算，并宜采取相关抗震措施；在条件允许的情况下，也可以结合结构的重要性等因素，采取数值模拟或试验的方法来进行结构的抗震验算。

3.5.5 设计基本地震动峰值加速度小于0.10g地区的B类、C类、D类桥梁和其他公路工程构筑物，可仅根据抗震措施要求进行抗震设计，不进行抗震设计计算。

原规范的规定是对于此类构筑物可以采用简易抗震措施，抗震规范提高了要求，设计基本地震动峰值加速度小于0.10g地区的B类、C类、D类桥梁和其他公路工程构筑物，也都有抗震要求，应该考虑抗震措施的设计，同时，主要考虑到此类构筑物的类型相对简单，可以不作专门的抗震设计计算。

3.6 抗震措施

3.6.1 应在工程地质勘察的基础上，对断裂构造的活动性、边坡稳定性和场地的地质条件等进行综合评价，确定抗震有利、不利和危险地段，合理采用相应的综合抗震措施。路线、桥位和隧址的选择，应充分利用抗震有利地段，宜绕避抗震危险与不利地段。

地震是一种自然现象，公路属于在地球表面的细条带状或线状的构筑物，不可避免地要遇到各类不同的地质环境。从抗震防灾的角度考虑，应该充分开展地质勘察工作，对与地质有密切关系的断裂构造的活动性、边坡稳定性和场地的地质条件等进行综合评价，尽量规避不利的抗震危险与不利地段。

3.6.2 路线布设应远离发震断裂带。必须穿过时，宜布设在破碎带较窄的部位；必须平行于发震断裂布设时，宜布设在断裂带的下盘，并宜有对应的修复预案和保通预案。

在发震断裂带及其邻近的一个狭长地段内，断裂带地震烈度有明显的增高趋势。为了尽量缩短通过高烈度区的路线长度，路线应尽量避免与发震断裂带平行布设，宜选择破碎带较窄的部位穿过发震断裂带。当路线必须平行于发震断裂带时，宜将路线布设在下盘上，以尽量减轻强烈地震对公路工程构筑物的影响程度。同时，在开展地质环境比较复杂、存在潜在遭受地震等灾害危险性较大的区域的公路工程规划与建设时，宜制订相应的修复预案和保通预案，对于确定的生命线工程，可以适当提高其抗震防灾的水准。

3.6.3 高速公路和一级公路宜避开地震动峰值加速度大于或等于 0.20g 地区的发震断裂带。当难以避开时，抗震设计应包括震后保通预案和修复预案。

高速公路和一级公路在抗震救灾中发挥着重要的作用，一旦由于地震而中断交通会给国家和震区人民造成重大损失。因此，当高速公路和一级公路难以避开地震动峰值加速度大于或等于 0.20g 地区的发震断裂段时，抗震设计应考虑震后修复预案和保通预案。

3 基 本 规 定

3.6.4 路线设计应避免造成较多的高陡临空面；不宜采用高挡土墙、深长路堑以及在同一山坡上连续回头弯道等对抗震不利的方案。

高陡临空面、高挡墙、深长路堑和连续回头弯道等都是属于在地震发生时容易发生次生灾害的工程点，应该优化设计或采取其他措施，规避灾害的发生。

3.6.5 在软弱黏性土层、液化土层和严重不均匀地层上，不宜修建大跨径超静定桥梁。

由于地震的作用，土的力学性质会发生变化，特别是会使一些土的承载能力降低，如松散的饱和砂土液化、软弱黏性土层和严重不均匀地层等，容易造成地基失效，发生沉陷、塌陷等严重破坏，构筑物也会由于基础的严重位移和下沉遭到破坏，在抗震设计中应引起足够的重视。这类地基上，不宜修建大跨径超静定桥梁，而应该优先采用修复相对比较容易且不至于因局部或1、2跨的破坏而引起整体结构破坏的结构形式，如简支结构，并适当采取一些抗震措施来避免或减轻这种破坏。

3.6.6 隧址宜避开活动断裂和浅薄山嘴。不宜在地形陡峭、岩体风化、裂缝发育的山体中修建大跨度傍山隧道。

隧道是一种地下构筑物，强烈地震时，由于面波影响的显著减弱和围岩对位移的限制作用，一般都具有较好的抗震性能。

隧道选线和选址时，应开展详细的地质、地形调查，重点加强活动断层的调查，确定断层的位置、连续性和活动性，设计宜尽量避开活动断裂带和浅薄山嘴，不宜在地形陡峭、岩体风化、裂缝发育的山体中修建大跨度傍山隧道，隧道应适当内移，或选用埋深大一些的路线方案。

为适度减轻地震波的作用影响，不致造成地震时引起隧道的偏压，在设计傍山地段的隧道时，应将隧道适当内移。

隧道的震害主要发生在洞口和洞口仰坡处。至于明洞，虽然不完全是地下构筑物，但如果加强了外侧洞墙，也具有较好的抗震性能，并且可以显著减轻山体坍塌对公路的影响。

隧道洞口是保证隧道路段交通畅通的关键部位，它一般是处于一定深度的挖方地段，因此隧道洞口不应该设在地震时易发生崩塌、滑坡、错落等地质不良地段。

3.6.7 存在岩堆、围岩落石、泥石流等不良地质条件的峡谷地段，宜利用谷底阶地和河滩修建路堤或顺河桥通过，并应加强防护措施，尽量减少对天然山体的开挖。路线难以避开不稳定的悬崖峭壁地段时，宜采用隧道方案。

由于高速公路、一级公路等具有一定的路基宽度，加上有较高的路线平纵横指标的要求，路线直接在山坡上展线有相当的难度，过度的山体开挖也会造成对自然的严重破坏，因此，很多时候将路线选择在山谷中穿行，路线或桥梁沿谷底阶地和河滩修建路堤或顺河桥通过，期间必然存在一些岩堆、围岩落石、泥石流等不良地质条件，需要采取一些针对性的措施去防范或合理处置。

隧道是一种对抗震相对有利的结构设计方案，当路线难以避开悬崖陡壁等对抗震不利的地段时，宜优先选用隧道方案。

3.6.8 地震时可能因发生滑坡、崩塌形成堰塞湖的地段，应评估其淹没和堵塞体溃决的影响范围，合理确定路线的高程和选定桥位；当可能因发生滑坡、崩塌而改变河流流向、影响岸坡和桥梁墩台以及路基的安全时，应评估其影响，并采取相应措施。

路线在山谷中穿行，其两侧存在不良地质条件的山体可能会在地震时发生滑坡、崩塌等，不仅会影响山谷河流的走向，还会形成堰塞湖，因此，对于此类区域，必须加强事先的地质勘察工作力度，评估其发生此类次生灾害的可能性及其影响范围和程度，合理确定路线的高程和平面位置。对于桥梁墩台、路基等构筑物应根据评估结果采取一定的抗震防灾措施，力争将地震的影响降到最小。

3.6.9 高速公路和一级公路路线穿越松散堆积体、岩石破碎地段以及地质构造不利地段时，不宜做深长路堑，并应加强路基防护和排水处理措施。

当路线处于复杂地质条件的地段时，应尽量少采用深长路堑，做好路基防护和排水处理措施。深长路堑在地震发生时，相对容易遭受破坏，且由于工作面等的限制，灾后的抢修和修复比较困难。有条件时，设计应根据具体地质条件，采用工程地质类比法、图解分析法、极限平衡法或树枝分析法进行边坡的稳定性评价，采取针对性的边坡防护措施。

3.6.10 液化土和软土地区，路线宜选择在上覆层较厚处通过，并宜设置低路堤。

合理降低路基和桥梁等工程构筑物的高度，是公路工程抗震设计的一个基本要求，何况在受地震影响明显的液化土和软土地区。

3.6.11 构筑物范围内有发震断裂时，应就断裂对工程的影响进行评价。不满足下列条件之一时，应考虑发震断裂的错动对构筑物的影响：

1 设计基本地震动峰值加速度小于0.20g。
2 非全新世活动断裂。
3 设计基本地震动峰值加速度为0.20g（0.30g）和0.40g地区，且前第四纪基岩隐伏断裂的土层覆盖厚度分别大于60m和90m。

本条规定引自《建筑抗震设计规范》（GB 50011—2001）的有关规定。对构筑物范围内发震断裂的工程影响进行评价，是地震安全性评价的内容，对于抗震规范没有要求必须进行工程场地地震安全性评价的公路工程，可以结合场地工程地震勘察的评价，按本条规定采取措施。

3.6.12 构筑物的抗震结构体系应符合下列要求：

1 应有明确、可靠的地震能量耗散部位。
2 应有明确、合理的地震作用传递路线。
3 结构构件的截面刚度不应有突变而形成薄弱区域。
4 应有防止发生连锁式破坏的措施。
5 结构各构件之间连接节点的强度不应低于构件强度。
6 允许发生塑性变形的桥梁结构构件，在发生塑性变形后，不应导致整个体系完全丧失抗震能力或承受结构物自身荷载的能力。

地震灾害告诉我们，对结构抗震设计来讲，"概念设计"比"计算设计"更为重要。由于地震作用的不确定性和复杂性，再加上结构计算模型的假定与实际情况的差异，使得"计算设计"很难有效地控制结构的抗震性能。结构抗震性能的决定因素是良好的"概念设计"。因此，在桥梁的方案设计阶段，不能仅仅根据功能要求和静力分析就决定方案的取舍，还应考虑桥梁结构的抗震性能，尽可能选择良好的抗震结构体系。

本条规定是在吸取历次地震震害教训基础上，为提高桥梁结构抗震性能，防止地震作用下桥梁结构整体倒塌破坏，切断震区交通生命线而要求的。

强烈地震时，地震作用是通过结构各个组成部分之间相互连接来传递，并依靠各个组成部分本身的强度和刚度以及它们相互之间的联结作用来承担的。强度和刚度不足的部分，以及连接薄弱的部位往往首先破坏，有时还会因此而造成构筑物的整体破坏。

桥梁结构一旦发生震害，宜使其发生在非关键部位或易于修复的部位。因此，可有目的、合理地设置结构薄弱部位，破坏一旦发生，不致产生严重后果，且易于修复。

一个良好的抗震结构体系应能使各部分结构合理地分担地震力，这样，各部分结构都能充分发挥自身的抗震能力，对保证桥梁结构的整体抗震性能比较有利。

3.6.13 应通过合理选择尺寸、配置钢筋等措施，增加钢筋混凝土构件的延性，防止剪切先于弯曲破坏和钢筋锚固黏结先于构件破坏。

延性抗震概念是基于对结构物震害现象的观察而提出的。实际震害中可以观察到，结构强度的不足不一定会导致结构倒塌性的破坏，甚至不会导致严重的破坏。只要结构的初始强度不因为非弹性变形而加剧下降，可以基本保持其初始强度，那么该结构在地震中的破坏就会很小，其震后修复工作的费用也会很少。而对于非弹性变形导致的结构初始强度急剧降低的结构来讲，地震所导致的破坏会很严重甚至会出现倒塌现象。这种超过弹性阶段的抗震能力就是结构物的"延性"。

所谓的延性通常是指在初始强度没有明显退化情况下的非弹性变形的能力。它包括两方面的能力：

（1）承受较大的非弹性变形，同时强度没有明显下降的能力；

（2）利用滞回特性吸收能量的能力。

如果结构或结构构件在发生较大的非弹性变形时，其抗力仍没有明显的下降,则这类结构或结构构件称为延性结构或延性构件。延性大小是判断结构物或构件抗震能力强弱的重要指标。

结构的延性称为整体延性,结构构件的延性称为局部延性。结构的整体延性与结构中延性构件的局部延性有着密切的关系,但并不意味着结构中有一些延性很高的构件,其整体延性就一定高。如果设计不合理,即使个别构件的局部延性很高,结构的整体延性却可能很低。

钢筋混凝土构件的剪切破坏属于脆性破坏,是一种危险的破坏模式;对于抗震结构来说,墩柱剪切破坏还会大大降低结构的延性能力。因此,为了保证钢筋混凝土墩柱不发生剪切破坏,应采用能力保护设计原则进行延性墩柱的抗剪设计。根据能力保护设计原则,墩柱的剪切强度应大于墩柱可能在地震中承受的最大剪力(对应于墩柱塑性铰处截面可能达到的最大弯矩承载能力)。

为了保证预期出现弯曲塑性铰的构件不发生脆性的破坏模式(如剪切破坏、黏结破坏等),并保证脆性构件和不宜用于耗能的构件(能力保护构件)处于弹性反应范围,在确定它们的弯矩、剪力设计值时,采用墩柱抗弯超强系数来考虑超强现象。

3.6.14 减隔震装置的设置应考虑减隔震装置的可更换性要求,并应进行定期的维护和检查。

在桥梁抗震设计中,引入隔震技术的目的就是利用隔震装置在满足正常使用功能要求的前提下,达到延长结构周期、消耗地震能量、降低结构响应的目的。因此,对于桥梁的隔震设计,最重要的因素就是设计合理、可靠的隔震装置并使其在结构抗震中充分发挥作用,即桥梁结构的大部分耗能、塑性变形应集中于这些装置。这就要求减隔震装置性能可靠,且震后可对这些构件进行维护。此外,为了确保减隔震装置在地震中能够发挥应有的作用,还必须对其进行定期的检查和维护。

4 地基和基础

4.1 一般规定

4.1.1 在抗震不利、危险地段布设路线、桥梁和隧道时,宜对地基采取适当抗震加固措施。

当路线、桥梁和隧道必须穿越抗震不利、危险地段时,应当根据工程地质勘察结果、选用的构筑物的特性要求,在经济条件许可的情况下对地基采取必要的抗震加固措施。

4.1.2 地基为软土、液化土、新近填土或严重不均匀土时,应考虑地震时地基不均匀沉降、地基失效或其他不利影响对公路工程构筑物可能造成的破坏,并应采取相应措施。

4.1.3 工程场地类别应根据场地土的剪切波速和场地覆盖土层厚度,按表4.1.3进行划分。

表 4.1.3 工程场地类别划分

平均剪切波速 (m/s)	场地类别			
	I	II	III	IV
$v_{se}>500$	0	—	—	—
$500 \geqslant v_{se}>250$	<5	≥5	—	—
$250 \geqslant v_{se}>140$	<3	≥3,≤50	>50	—
$v_{se} \leqslant 140$	<3	≥3,≤15	>15,≤80	>80

注:表中数据为场地覆盖土层厚度(m)。

本条规定引自《建筑抗震设计规范》(GB 50011—2010)。

场地分类方法,我国工程界主要采用以等效剪切波速和覆盖层厚度为主要评定指标的双参数分类方法。

4.1.4 进行结构抗震验算时,应根据基础类型、土质条件,对地基承载力进行修正。

地震作用,属于偶然作用,发生的几率比较小,应根据工程建设场地的分类、规定的地震动加速度和具体的结构基础类型等条件,对地基承载力指标进行适当的修正,以取得技术经济的综合平衡。

4.2 天然地基抗震承载力

4.2.1 地基抗震验算时,应采用地震作用效应与永久作用效应组合。

4.2.2 天然地基抗震承载力可按式(4.2.2)计算:

$$f_{aE} = K f_a \quad (4.2.2)$$

式中:f_{aE}——调整后的地基抗震承载力容许值;

K——地基抗震容许承载力调整系数,按表4.2.2采用;

f_a——深宽修正后的地基承载力容许值,按现行《公路桥涵地基与基础设计规范》(JTG D63)的规定取值。

表4.2.2 地基抗震容许承载力调整系数 K

岩土名称及性状	K
岩石,密实的碎石土,密实的砾、粗、中砂,$f_{a0} \geq 300$kPa 的黏性土和粉土	1.5
中密、稍密的碎石土,中密和稍密的砾、粗、中砂,密实和中密的细、粉砂,150kPa$\leq f_{a0}$<300kPa 的黏性土和粉土,坚硬黄土	1.3
稍密的细砂、粉砂,100kPa$\leq f_{a0}$<150kPa 的黏性土和粉土,可塑黄土	1.1
淤泥,淤泥质土,松散的砂,杂填土,新近堆积黄土及流塑黄土	1.0

注:f_{a0} 为由荷载试验等方法得到的地基承载力基本容许值(kPa)。

由于地震作用属于偶然的瞬时荷载,地基土在短暂的瞬时荷载作用下,可以取较高的容许承载力。世界上大多数国家的抗震规范和我国其他行业规范,在验算地基的抗震强度时,对于抗震容许承载力的取值,大都采用在静力设计容许承载力的基础上乘以调整系数来提高。

4.2.3 验算天然地基抗震承载力时,基础底面平均压应力应符合下列各式要求：

$$p \leqslant f_{aE} \quad (4.2.3-1)$$

$$p_{max} \leqslant 1.2 f_{aE} \quad (4.2.3-2)$$

式中：p——基础底面平均压应力；

p_{max}——基础底面边缘的最大压应力。

本条规定基本沿用原规范的规定。

4.2.4 液化土层及以上土层的地基承载力不应按4.2.2条规定提高。在计算液化土层以下地基承载力时,应计入液化土层及以上土层重力。

4.3 液化地基

本节内容基本沿用原规范的规定,与国内其他行业标准的规定也基本一致,且多年应用结果表明,规定是基本合理的。但总体而言,目前液化地基的观测和研究在深度和广度上不足以全面修改已有标准的规定,只能局部完善补充。不同行业的相关规范存在少许差异。

4.3.1 存在饱和砂土或粉土（不含黄土）的地基,应进行液化判别,确定其等级和程度。存在液化土层的地基,应根据公路工程构筑物的重要性和地基液化等级,采取相应措施。

砂土液化是地震作用下饱和砂土或粉土（不含黄土）地基的典型特征,其会严重影响到路基和桥梁等构筑物的安全和稳定性,对于无法绕避的可能存在的砂土液化的地基,应该及时采取措施予以适当处理。

4.3.2 一般地基地面以下15m,桩基和基础埋置深度大于5m的天然地基地面以下20m范围内有饱和砂土或饱和粉土（不含黄土）,符合下列条件之一时,可判定为不液化或不需考虑液化影响：

1 设计基本地震动峰值加速度为 0.10g（0.15g）、0.20g（0.30g），且地质年代为第四纪晚更新世（Q_3）及其以前的地区。

2 设计基本地震动峰值加速度为 0.10g（0.15g）、0.20g（0.30g）和 0.40g 的地区，粉土中的黏粒（粒径<0.005mm 的颗粒）含量分别不小于 10%、13%、16%。

3 上覆非液化土层厚度或地下水埋藏深度符合下列条件之一：

$$d_u > d_0 + d_b - 2 \qquad (4.3.2\text{-}1)$$

$$d_w > d_0 + d_b - 3 \qquad (4.3.2\text{-}2)$$

$$d_u + d_w > 1.5d_0 + 2d_b - 4.5 \qquad (4.3.2\text{-}3)$$

式中：d_w——地下水位深度（m），按设计基准期内年平均最高水位采用，也可按近期年最高水位采用；

d_u——扣除淤泥和淤泥质土层厚度后的上覆非液化土层厚度（m）；

d_b——基础埋置深度（m），不超过 2m 时应采用 2m；

d_0——液化土特征深度（m），可按表 4.3.2 采用。

表 4.3.2 液化土特征深度 d_0（m）

饱和土类别	设计基本地震动峰值加速度		
	0.10g（0.15g）	0.20g（0.30g）	0.40g
粉土	6	7	8
砂土	7	8	9

此规定主要是根据国内外历次大地震的实时观测结果的统计分析，以及部分理论研究成果和经验得出的，国内其他行业的规范也是如此规定的。

4.3.3 当不能判别为不液化或不需考虑液化影响，需进一步进行液化判别时，应采用标准贯入试验进行地面下 15m 深度范围内土的液化判别；采用桩基或基础埋深大于 5m 的基础时，还应进行地面下 15～20m 范围内土的液化判别。当饱和土标准贯入锤击数（未经杆长修正）小于液化判别标准贯入锤击数临界值 N_{cr} 时，应判为液化土。有成熟经验时，也可采用其他判别方法。液化判别标准贯入锤击数临界值的计算，应符合下列规定：

1 在地面下15m深度范围内，液化判别标准贯入锤击数临界值可按下式计算：

$$N_{cr} = N_0[0.9 + 0.1(d_s - d_w)]\sqrt{3/\rho_c} \quad (4.3.3-1)$$

2 在地面下15～20m范围内，液化判别标准贯入锤击数临界值可按下式计算：

$$N_{cr} = N_0(2.4 - 0.1 d_w)\sqrt{3/\rho_c} \quad (4.3.3-2)$$

式中：N_{cr}——修正的液化判别标准贯入锤击数临界值；

N_0——液化判别标准贯入锤击数基准值，应按表4.3.3采用；

d_s——饱和土标准贯入点深度（m）；

ρ_c——黏粒含量百分率（%），当小于3或为砂土时，应采用3。

表4.3.3 液化判别标准贯入锤击数基准值 N_0

区划图上的特征周期（s）	设计基本地震动峰值加速度		
	0.10g（0.15g）	0.20g（0.30g）	0.40g
0.35	6（8）	10（13）	16
0.40、0.45	8（10）	12（15）	18

注：1. 特征周期根据场地位置在现行《中国地震动参数区划图》（GB 18306）上查取。
2. 括号内数值用于设计基本地震动峰值加速度为0.15g和0.30g的地区。

《岩土工程勘察规范》（GB 50021—2009）规定，地震液化的判别应在地面以下15m范围内进行，对于桩基和基础埋置深度大于5m的天然地基，判别深度应加深至20m。

《岩土工程勘察规范》（GB 50021—2009）规定，土按颗粒级配分为：碎石土、砂土、粉土和黏性土，因而将原规范中亚砂土改为粉土。

土层液化判定方法仍然沿用《公路工程抗震设计规范》（JTJ 004—89）。

土层深度超过20m的液化观测数据极少，理论研究也还不充分，需要针对个案进行专门研究，多方法比较后综合判断，也可采用其他合适的方法研究并确定。目前应用的方法主要有：陈国兴等提出的砂土液化概率判别法、剪切波速判别法、动三轴试验判别法等，现行的《铁路工程抗震设计规范》（GB 50111）采用的是静力触探试验判别法，国外一些规范采用经Youd等修改后的Seed简化方法，即NCEER方法。方法多，结果必然多样，也说明这方面的研究还有待

4 地基和基础

深入。

4.3.4 存在液化土层的地基,应探明各液化土层的深度和厚度,计算每个钻孔的液化指数,按表 4.3.4 综合划分地基的液化等级。液化指数可按下式计算:

$$I_{lE} = \sum_{i=1}^{n}(1 - N_i/N_{cri})d_iW_i \quad (4.3.4)$$

式中:I_{lE}——液化指数;

n——在判别深度范围内钻孔的标准贯入试验点总数;

N_i——第 i 点标准贯入锤击数的实测值,当实测值大于临界值时应取临界值的数值;

N_{cri}——第 i 点标准贯入锤击数的临界值;

d_i——第 i 点所代表的土层厚度(m),可采用与该标准贯入试验点相邻的上、下两标准贯入试验点深度差的一半,但上界不高于地下水位深度,下界不深于液化深度;

W_i——第 i 土层单位土层厚度的层位影响权函数值(m^{-1}),若判别深度为 15m,当该层中点深度不大于 5m 时应取 10,等于 15m 时取 0,5~15m 按线性内插法取值;若判别深度为 20m,当该层中点深度不大于 5m 时取 10,等于 20m 时取 0,5~20m 时按线性内插法取值。

表 4.3.4 地基液化等级

液化等级	轻微	中等	严重
判别深度为 15m 的液化指数	0<I_{lE}≤5	5<I_{lE}≤15	I_{lE}>15
判别深度为 20m 的液化指数	0<I_{lE}≤6	6<I_{lE}≤18	I_{lE}>18

本条提供了一个简化的预估液化危害的方法,可对场地的喷水冒沙程度、一般浅基础工程结构物的可能损坏做粗略的预估,以便为采取工程措施提供依据。

液化等级的名称为轻微、中等、严重三级;各级的液化指数、地面喷水冒沙情况以及对结构物危害程度的描述见表 4-1,系根据我国百余个液化震害资料得出的。

表 4-1　液化等级对结构物的相应危害程度

液化等级	液化指数（15m）	地面喷水冒沙情况	对结构物的危害情况
轻微	<5	地面无喷水冒沙，或仅在洼地、河边有零星的喷水冒沙点	危害性小，一般不致引起明显的震害
中等	5~15	喷水冒沙可能性大，从轻微到严重都有，多属中级	危害性较大，可造成不均匀沉陷和开裂，有时不均匀沉陷可能达到200mm
严重	>15	一般喷水冒沙都很严重，或仅在洼地，地面变形很明显	危害性大，不均匀沉陷可能大于200mm，高重心结构物可能产生不容许的倾斜

4.3.5　未经处理的液化土层不宜作为天然地基持力层。地基的抗液化措施应满足表4.3.5的要求。

表 4.3.5　地基抗液化措施要求

构筑物	地基的液化等级		
	轻微	中等	严重
1. 高速公路、一级公路、二级公路上高度大于5m的挡土墙； 2. 各级公路上的隧道工程； 3. A、B类桥梁	应部分消除液化沉降，或对基础和上部结构采取减轻液化沉降影响的措施	宜全部消除液化沉降；也可部分消除液化沉降，并对基础和上部结构采取减轻液化沉降影响的措施	应全部消除液化沉降
1. 高速公路、一级公路、二级公路上高度小于或等于5m的挡土墙； 2. 三级公路上的挡土墙； 3. 四级公路上高度大于5m的挡土墙； 4. 高速公路和一级公路路基； 5. C类桥梁	宜对基础和上部结构采取减轻液化沉降影响的措施；结构物自身抵抗液化沉降影响能力较强时，也可不采取措施	应对基础和上部结构采取减轻液化沉降影响的措施；结构物对液化沉降敏感时，应采取更高要求的措施	宜全部消除液化沉降；也可部分消除液化沉降，且对基础和上部结构采取减轻液化沉降影响的措施
1. 四级公路上高度小于或等于5m的挡土墙； 2. 二级公路路基； 3. D类桥梁	可不采取措施	可不采取措施	宜对基础和上部结构采取减轻液化沉降影响的措施，也可采取其他经济合理的措施

本条规定系根据确定的重要性分类，结合公路的等级、构筑物的重要性和修复的复杂程度等予以适当分解提出的。

4.3.6 全部消除地基液化沉降的措施应符合下列要求：

1 采用桩基时，应对液化土层的桩周摩阻力进行折减。桩尖持力层为碎石土、砾、粗、中砂，坚硬黏性和密实粉土时，桩尖持力层厚度不应小于1倍桩径或0.5m；为其他非岩石土时，桩尖持力层厚度不宜小于3倍桩径或1.5m。

2 深基础基础底面应埋入液化深度以下的稳定土层中，埋入深度不应小于1.0m。

3 采用振冲、振动加密、挤密碎石桩、砂桩、强夯等加密法对液化土层进行加固处理时，处理深度应达到液化深度下界，经处理的复合地基的标准贯入锤击数不应小于本规范第4.3.3条规定的液化判别标准贯入锤击数临界值。

4 采用换土法时，应用非液化土替换全部液化土层的土。

5 采用加密法或换土法处理时，基础边缘以外的处理宽度应超过基础底面以下处理深度的1/2，且不小于基础宽度的1/5。

4.3.7 部分消除地基液化沉降的措施应符合下列要求：

1 处理后地基的液化指数不应大于5。

2 加固后复合地基的标准贯入锤击数，不应小于本规范第4.3.3条规定的液化判别标准贯入锤击数临界值。

3 基础边缘以外的处理宽度，应符合本规范第4.3.6条第5款的规定。

4.3.8 减轻液化对基础和上部结构影响，可综合采用下列各项措施：

1 选择合适的基础深度。

2 调整基础底面积，减小基础偏心。

3 加强基础整体性和刚度。

4 减轻荷载，增强上部结构的整体刚度和均匀对称性，避免采用对不均匀沉降敏感的结构形式等。

4.3.9 液化等级为中等和严重的古河道、现代河滨、海滨，当存在液化侧向扩展或流滑可能时，在距常水位线100m以内修建的抗震重点工程构筑物，应进行抗滑动验算，必要时应采取防止土体滑动措施。

本条规定了有可能发生液化侧向扩展或流动时滑动土体的最危险范围并要求

采取土体抗滑和结构抗裂措施。

（1）液化侧向扩展地段的宽度来自海城地震、唐山地震及日本阪神地震对液化侧扩区的大量调查。根据对阪神地震的调查，在距水线 50m 范围内，水平位移及竖向位移均很大；在 50～150m 范围内，水平地面位移仍较显著；大于 150m 以后水平位移趋于减小，基本不构成震害。上述调查结果与我国海城、唐山地震后的调查结果基本一致：海河故道、滦运河、新滦河、陡河岸波滑坍范围距水线 100～150m，辽河、黄河等则可达 500m。

（2）侧向流动土体对结构的侧向推力，根据阪神地震后对受害结构的反算结果得到：

①非液化上覆土层施加于结构的侧压相当于被动土压力，破坏土楔的运动方向是土楔向上滑而楔后土体向下，与被动土压力发生时的运动方向一致；

②液化层中的侧压相当于竖向总压的 1/3；

③桩基承受侧压的面积相当于垂直于流动方向的桩排的宽度。

4.4 桩基础

本节规定基本沿用原规范的规定，本次规范修订，没有安排专门的研究工作。

4.4.1 非液化地基的桩基，进行抗震验算时，柱桩的地基抗震容许承载力调整系数可取 1.5，摩擦桩的地基抗震容许承载力调整系数可根据地基土类别按表 4.2.2 取值。采用荷载试验确定单桩竖向承载力时，单桩竖向承载力可提高 50%，桩基的单桩水平承载力可提高 25%。

4.4.2 地基内有液化土层时，液化土层的承载力（包括桩侧摩阻力）、土抗力（地基系数）、内摩擦角和黏聚力等应按表 4.4.2 进行折减。表 4.4.2 中，液化抵抗系数 C_e 值应按式（4.4.2）计算确定：

$$C_e = \frac{N_1}{N_{cr}} \qquad (4.4.2)$$

式中：C_e——液化抵抗系数；

N_1——实际标准贯入锤击数；

N_{cr}——经修正的液化判别标准贯入锤击数临界值。

表 4.4.2 土层的液化影响折减系数

C_e	深 度 (m)	折减系数
$C_e \leq 0.6$	$d_s \leq 10$	0
	$10 < d_s \leq 20$	1/3
$0.6 < C_e \leq 0.8$	$d_s \leq 10$	1/3
	$10 < d_s \leq 20$	2/3
$0.8 < C_e \leq 1.0$	$d_s \leq 10$	2/3
	$10 < d_s \leq 20$	1

4.4.3 桩基承台全部或局部处于液化土层中时，承台基坑应回填并夯实。回填土为砂土或粉土时，夯实后土层的标准贯入锤击数不应小于本规范第 4.3.3 条规定的液化判别标准贯入锤击数临界值。

5 桥梁

5.1 一般规定

5.1.1 本章适用于单跨跨径不超过150m的钢筋混凝土和预应力混凝土梁桥、圬工或钢筋混凝土拱桥的抗震设计。

自原规范颁布施行以来，我国桥梁建设发展非常快，修建了大量单跨跨径超过150m的特大跨径桥梁，以及混凝土斜拉桥和悬索桥等特殊桥梁。

从规范的角度来讲，其主要的适用范围是面广量多的普通公路工程构筑物的抗震设计。规范的作用之一就是通过规范的具体规定，尽量将复杂的技术问题作简单化处理，对于常规结构或通过一定的假设可以简化的结构，完全可以通过规范给定的方法去进行抗震分析；而对于一些重要的、特殊的工程构筑物的抗震设计，由于其地震反应的复杂性与独立性，基于目前的研究工作还不够充分，还无法针对单跨跨径超过150m的特大跨径桥梁结构给出普遍而适用的设计方法。因此，抗震规范对单跨跨径超过150m的特大跨径桥梁，以及混凝土斜拉桥和悬索桥，只给出抗震设计原则，详细的抗震设计仍须作专门研究。

5.1.2 地震作用可用设计加速度反应谱、设计地震动时程或其他可靠方法表征。

目前各国桥梁抗震规范中的地震作用主要是采用加速度反应谱和加速度时程来表征。在应用反应谱方法进行结构地震反应分析时，做过地震安全性评价的桥梁场地，可以选取地震安全性评价报告提供的设计反应谱作为地震动输入；而未做场地地震安全性评价的桥梁场地，按抗震规范规定的设计加速度反应谱作为地震动输入。

地震动加速度时程的选择主要有两种方法，即直接利用强震记录、采用人工地震加速度时程。选择加速度时程时，必须把握住三个特征，即加速度峰值的大小、频谱特性和强震持续时间。做过地震安全性评价的桥梁场地，可以选取地震安全性评价报告提供的人工加速度时程作为地震动输入；未进行地震安全性评价的桥址，可以规范的设计加速度反应谱为目标拟合人工加速度时程，也可选用与设定地震震级、距离、场地特性大体相近的实际地震动加速度记录，但需要通过时域或频域方法调整，使其加速度反应谱与抗震规范设计加速度反应谱匹配。

需要特别指出的是，采用地震加速度时程进行地震反应分析时，一般要选取多组地震加速度时程以供比较分析，一般采用不少于 3 组（对于地震反应分析结果，3 组须取最大值，7 组可取平均值）。

5.1.3 设计基本地震动峰值加速度大于或等于 0.20g 地区的拱式结构、长悬臂桥梁结构，以及竖向地震作用引起的地震效应占总地震效应的比率大时，应同时考虑顺桥向 X、横桥向 Y 和竖向 Z 的地震作用；其余桥梁结构可仅考虑水平向地震作用。

地震时地面运动是多分量的。近几十年来，国内外已经取得大量的地震记录，每次地震记录包括地震动的三个平动分量，即两个水平分量和一个竖向分量。

近几十年来的多次地震，如 1989 年美国的 Loma Prieta 地震、1994 年美国的 Northridge 地震和 1999 年我国台湾的 Chi-Chi 地震等，在发震断层附近产生了较强的竖向地震动，也造成了大量的结构破坏。汶川地震中断裂带南段从映秀至汉旺，主要是以逆冲为主兼具右旋左滑分量，导致该段控制区域内的桥梁破坏极为严重，百花大桥、映秀镇顺河桥、小鱼洞大桥等因同时受到巨大的竖向和水平向地震作用，出现了由结构构件强度失效破坏而导致的结构垮塌。

竖向地震加速度对大多数结构设计来说没有很大的意义，但对于桥梁结构来说并不总是这样。对于常规桥梁结构，通常可只考虑水平向地震作用，但对拱式结构、长悬臂桥梁结构和大跨度结构，竖向地震作用对结构地震反应有显著影响。因为桥梁结构必须考虑落梁的问题。落梁问题归因于竖向分量加上水平分量的组合作用。竖向加速度也可能在长的预应力梁跨中产生非常大的弯矩，并且当由于支座偏心导致竖向地震反应引起柱子弯矩时必须考虑竖向加速度。对于使用隔震体系的桥梁结构来说，竖向加速度可能更加重要。

当桥位附近竖向地震作用可能较大，或结构对竖向地震作用很敏感时，应考虑竖向地震作用。

采用反应谱法同时考虑水平向 X、Y 与竖向 Z 的地震作用时，可分别计算水平向 X、Y 与竖向 Z 地震作用在计算方向上的响应，计算方向上总的地震作用效应应按本条规定进行组合。

5.1.4 采用设计加速度反应谱法表征地震作用，在同时考虑三个正交方向（水平向 X、Y 和竖向 Z）的地震作用时，可分别单独计算 X 向地震作用在 i 计算方向上产生的最大效应 E_{iX}、Y 向地震作用在 i 计算方向上产生的最大效应 E_{iY} 与 Z 向地震作用在 i 计算方向上产生的最大效应 E_{iZ}，i 计算方向总的设计最大地震作用效应 E_i 可按式（5.1.4）求取：

$$E_i = \sqrt{E_{iX}^2 + E_{iY}^2 + E_{iZ}^2} \tag{5.1.4}$$

在多个分量地震动作用下，应用反应谱方法计算结构的地震反应时涉及两个组合的问题：一是在每一个分量地震作用下的振型组合问题；二是不同地震动分量作用下引起的结构地震反应的组合问题。对于振型组合方法，目前应用最广泛的是 SRSS 方法和 CQC 方法。原因是这两种方法理论基础完整，物理意义明确，组合公式简单。除此之外还有包括 Tsai 提出的一个经验组合公式，即 ARC 方法（Advanced Response Combination）。王淑波等人提出了一种称为 HOC（Harmonic Oriented Comnination Rule）法的反应谱组合方案。对于地震反应的组合，目前较为常用的方法包括百分比方法、平方根（SRSS）方法。除此之外还包括 CQC3 方法和 CQCM 方法。目前 AASHTO、Caltrans 和欧洲桥梁抗震规范所推荐采用相应的组合方法均是百分比的方法，只是其中采用了不同的比例系数。与百分比方法相比，平方根（SRSS）方法是假定各地震动分量之间互不相关，基于平稳随机过程理论而推导出来的。

基于实际地震记录的数值计算的结果表明，百分比方法有时误差较大，而平方根（SRSS）方法具有较好的精确度，具有一定的理论依据且表述较为简单。因此，抗震规范推荐采用平方根（SRSS）方法进行地震反应的组合。

采用非线性时程分析时，由于叠加原理已不适用，各方向的分量必须同时加上，因此理论上应同时输入包含两个或三个方向分量的一组地震动时程。获取包

5 桥　梁

含两个或三个方向分量的一组地震动时程，一般应由地震安全性评价部门给出，或采用和场址场地土条件接近的天然地震波，经调整得到和设计加速度反应谱匹配的一组地震波。

5.2　设计加速度反应谱

5.2.1　阻尼比为 0.05 的水平设计加速度反应谱中，任意时点的水平设计加速度反应谱值 S（图 5.2.1）可由式（5.2.1）确定：

$$S = \begin{cases} S_{\max}(5.5T+0.45) & (T<0.1\text{s}) \\ S_{\max} & (0.1\text{s} \leqslant T \leqslant T_\text{g}) \\ S_{\max}(T_\text{g}/T) & (T>T_\text{g}) \end{cases} \quad (5.2.1)$$

式中：T_g——特征周期（s）；

T——结构自振周期（s）；

$S_{\max}$——水平设计加速度反应谱最大值。

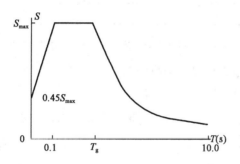

图 5.2.1　水平设计加速度反应谱

反应谱方法是目前结构抗震设计中广泛使用的方法，是根据结构的弹性反应分析结果建立的，反映了地面运动和结构的动力特性。

研究分析强地震动记录在长周期段的可靠性，可以认定模拟记录的加速度反应谱在 5～6s 以下的范围内是可靠的；数字记录可以达到 10s；基线漂移对加速度反应谱的影响可忽略不计。根据两类记录反应谱长周期段特征的比较，可以将周期范围扩展到 10s。通过对 823 条水平向强地震动记录的统计分析，可以得到，随着反应谱周期范围的扩展，一些抗震设计规范为了降低风险规定设计反应谱下降的速率略缓慢些，设计反应谱按 T-1 的速率下降是有足够安全保障的，完全没有必要设下限值，且尚无必要再规定一段 T-2 的下降段。

5.2.2 水平设计加速度反应谱最大值 S_{max} 可由式（5.2.2）确定：

$$S_{max} = 2.25C_iC_sC_dA_h \qquad (5.2.2)$$

式中：C_i——桥梁抗震重要性修正系数，根据表 3.1.3 取值；

C_s——场地系数，根据表 5.2.2 取值；

C_d——阻尼调整系数，根据第 5.2.4 条的规定确定；

A_h——水平向设计基本地震动峰值加速度。

表 5.2.2 场地系数 C_s

场地类别	设计基本地震动峰值加速度					
	0.05g	0.10g	0.15g	0.20g	0.30g	≥0.40g
Ⅰ	1.2	1.0	0.9	0.9	0.9	0.9
Ⅱ	1.0	1.0	1.0	1.0	1.0	1.0
Ⅲ	1.1	1.3	1.2	1.2	1.0	1.0
Ⅳ	1.2	1.4	1.3	1.3	1.0	0.9

强震观测和震害资料表明，场地条件对地震动的幅值、频谱都有显著的影响。如何估计场地条件对地震动特性的影响，并在工程抗震设防中考虑这一影响，一直是工程地震学的主要研究课题。

场地条件对反应谱平台值影响的研究主要有两种方法：一种是基于强震观测数据的统计分析方法；另一种是基于土层地震反应分析的数值计算方法。

世界各国的抗震规范都不同程度地考虑了场地条件对地震动参数的影响。从 1994 年美国 NEHRP 推荐的规范开始，美国抗震设计规范中使用 Fa 和 Fv 两个场地系数，同时考虑场地条件对地震动峰值加速度和特征周期的影响。

我国诸多学者也对场地条件对地震动参数的影响进行了大量的研究。如薄景山利用 235 条美国西部地区的地震波，将各类场地地震记录（Ⅰ、Ⅱ、Ⅲ类，缺少Ⅳ类场地强震数据）规准化处理，并记录反应谱最大值，将反应谱最大值按照场地条件和有效峰值加速度分组，并统计其平均值；李小军收集和整理了近 100 个工程场地的地质勘测资料，参照实际情况，人为地构造了 188 个一维土层场地计算模型，以幅值和频谱值作为地震动参数，得出地震动参数与场地条件之间的关系；窦立军在全国收集了79个有代表性的工程钻孔资料，根据钻孔资料计算出场地的卓越周期，并按照卓越周期将场地分为三类，通过输入7、8、9度的人造地震动时程，计算出三类场地地表加速度反应谱的平均值，标准化后，得出不同场地条件下反应谱的平台段高度关系；等等。

原规范没有考虑场地条件对反应谱平台段的影响。抗震规范中表5.2.2中的数值是统计结果的平均特征，参考了美国NEHRP规范，考虑到我国抗震设计规范第一次采用场地系数，调整幅度宜小一点，从而综合确定的。

5.2.3 特征周期T_g应按桥梁所在位置，根据现行《中国地震动参数区划图》（GB 18306）上的特征周期和相应的场地类别，按表5.2.3取值。

表5.2.3 设计加速度反应谱特征周期调整表

区划图上的特征周期(s)	场地类别			
	Ⅰ	Ⅱ	Ⅲ	Ⅳ
0.35	0.25	0.35	0.45	0.65
0.40	0.30	0.40	0.55	0.75
0.45	0.35	0.45	0.65	0.90

反应谱特征周期是设计反应谱中表征地震动频谱特性的重要参数，它表示按照设计反应谱形式标准化后的地震动加速度反应谱平台段的终止周期。

反应谱特征周期的影响因素很多，如震源特性、震级大小、震中距离、传播途径以及场地条件等等。由于特征周期影响因素多，导致其结果离散型很大。

关于场地条件对特征周期的影响，有些学者采用土层地震反应分析的方法进行了研究。从其研究结论中可以看出，场地越软，反应谱特征周期的影响系数越大，反应谱特征周期随覆盖土层厚度的增大而增大，软弱夹层的存在使得反应谱特征周期增大。

本条直接采用国家标准《中国地震动参数区划图》（GB 18306—2001）和《建筑抗震设计规范》（GB 50011—2001）中的相关规定。

5.2.4 结构的阻尼比ξ为0.05时，阻尼调整系数C_d应取1.0；当结构的阻尼比不等于0.05时，阻尼调整系数C_d应按式（5.2.4）计算：

$$C_d = 1 + \frac{0.05 - \xi}{0.06 + 1.7\xi} \geq 0.55 \tag{5.2.4}$$

土木工程结构中的阻尼是由几种不同的能量耗散机制共同引起的,为便于数学上的分析,通常把结构中的能量耗散理想化为等效的黏性阻尼。关于黏性阻尼对结构动力响应的影响规律,有研究表明,对于低阻尼结构体系,其他条件相同时,黏性阻尼比大的结构动力响应小,即增大黏性阻尼比可加快低阻尼结构体系的运动衰减。这对于低阻尼比结构体系的相对位移响应确实如此,然而,对于其绝对加速度响应却并非全部如此。

近年来,随着减隔震技术的推广应用,长周期、大阻尼比结构抗震设计的现实需要促使研究人员对通过标准反应谱和谱阻尼调整系数来建立的不同阻尼比反应谱方法的合理性及可靠性进行了研究。标准反应谱是根据大量实测强震记录,统计分析并结合工程经验判断予以确定的。在标准反应谱的基础上,通过谱阻尼调整系数得到其他阻尼比反应谱的合理性和可靠性则取决于谱阻尼调整系数的合理性和可靠性。

规范所给出的设计反应谱一般都是以阻尼比为0.05的某种标准化的绝对加速度反应谱。考虑不同阻尼比结构的抗震设计需要,规范给出了不同阻尼比反应谱相对于标准反应谱的修正方法,即阻尼调整系数。本条直接采用国家标准《建筑抗震设计规范》(GB 50011—2001)中的相关规定。

5.2.5 竖向设计加速度反应谱应由水平向设计加速度反应谱乘以竖向/水平向谱比函数 R 确定。R 的取值应符合下列规定:

1 对于基岩场地:

$$R = 0.6 \tag{5.2.5-1}$$

2 对于土层场地:
$$R = \begin{cases} 1.0 & (T < 0.1s) \\ 1.0 - 2.5(T - 0.1) & (0.1s \leq T < 0.3s) \\ 0.5 & (T \geq 0.3s) \end{cases}$$

(5.2.5-2)

式中:T——结构自振周期(s)。

至今,大部分抗震设计规范仍然习惯采用水平反应谱乘一个系数的方法来规定竖向地震作用,这个系数值一般在1/2~2/3之间,这是以两个方向上反应谱形状相差不大为前提的。现行抗震设计规范中,也有规定两个方向上形状不同的设计反应谱的。例如,我国《核电厂抗震设计规范》(GB 50267—1997)中分别规定了水平地震作用和竖向地震作用的标准反应谱。这两个标准反应谱的最主要差别体现为最大值的周期范围不同。欧洲抗震设计规范 EC-8 中,采用的竖向地震动反应谱的形状与水平向标准反应谱的形状也有不同,相差一个与周期有关因子,周期小于 0.15s 时,为 0.7;周期大于 0.5s 时,为 0.5;在 0.15~0.5s 之间时,采用前两者间的插值。

中国地震局工程力学研究所曾选用 448 条水平记录、230 条竖向记录进行统计分析,并按我国《建筑抗震设计规范》(GB 50011—2001)的标准划分了场地类别,其中包括Ⅰ类场地水平记录有 118 条、竖向记录 60 条,Ⅱ类场地水平记录有 178 条、竖向记录 90 条,Ⅲ类场地 148 条、竖向记录 78 条,Ⅳ类场地只有 4 条水平记录、2 条竖向记录,数量太少,统计中未使用。统计得出的竖向/水平谱比的总平均特征如图 5-1 所示。

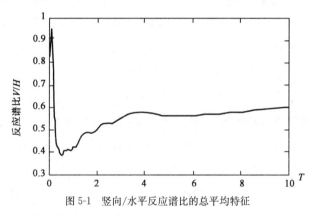

图 5-1 竖向/水平反应谱比的总平均特征

进一步分析的结果表明,竖向/水平谱比与距离关系不明显,与场地条件有一定的相关性,如图 5-2 所示,实线是Ⅰ类场地的谱比,下面两条虚线是Ⅱ、Ⅲ类场地的谱比。

为便于应用,可按两种场地条件规定竖向/水平谱比函数,基岩和土层场地,前者对应于Ⅰ类场地,后者包括Ⅱ、Ⅲ、Ⅳ类场地。谱比曲线用三段表示,短周期处取一直线,长周期段也取一直线,二者之间以斜线相连。

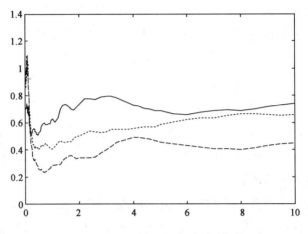

图 5-2　Ⅰ、Ⅱ、Ⅲ类场地竖向/水平反应谱比

5.3　设计地震动时程

5.3.1　采用设计地震动时程表征地震作用时，设计地震动时程可根据本规范设计加速度反应谱，合成与其兼容的设计地震动时程；也可选用与设定地震震级、距离大体相近的实际地震动加速度记录，通过时域方法调整，获得反应谱与本规范设计加速度反应谱兼容的设计地震动时程。

反应谱法是根据结构的弹性反应分析结果建立的，但实际中，在强震作用下，结构通常都会进入弹塑性状态，产生较大的塑性变形；另外，反应谱理论仅给出结构在地震作用下反应的最大值，而对于地震作用过程中结构的反应却无法给出；反应谱理论也无法反映许多实际的复杂因素，如大孔桥梁的地震波输入相位差、结构的非线性二次效应、结构—基础—土的共同作用等问题。因此，随着强震记录的增多，计算机技术的广泛应用，时程分析方法便应运而生。

对未进行地震安全性评价的桥址，可以规范设计加速度反应谱为目标拟合设计加速度时程；也可选用与设定地震震级、距离、场地特性大体相近的实际地震动加速度记录，通过时域方法调整，使其加速度反应谱与本规范设计加速度反应谱匹配。因此，对未进行地震安全性评价的桥址上的桥梁进行地震反应分析时，需要解决地震加速度时程的拟合或调整问题，目标均是与设计反应谱相匹配。而

5 桥 梁

在工程场地的地震安全性评价报告中,也需要以设计反应谱为目标拟合出符合抗震设计要求的地震加速度时程。

人工拟合地震加速度时程的方法主要有三种,即三角级数法、随机脉冲法和自回归法。在工程实际中,应用最为广泛的是 Scalan 和 Sachs 在 1974 年提出的用三角级数叠加的方法。三角级数法的基本思想是用一组三角级数之和构造一个近似的平稳高斯过程,然后乘以强度包线,以得到非平稳的地面运动加速度时程。

以设计反应谱为目标拟合地震加速度时程时,实际上是要使时程对应的反应谱值在某些选定的周期点上与目标反应谱满足一定的误差,一般要求 5%。需要控制的目标反应谱点数,即设计反应谱 $S_a^T(T)(T=T_1,\cdots,T_N)$ 的坐标点数 N,一般可采用 40~80,而且 $T_1\cdots\cdots T_N$ 应尽量在周期的对数坐标上均匀分布。

在地震加速度拟合中,一般要求控制三个要素,即加速度峰值 a_{max}、反应谱 $S_a(\omega)$ 和强度包络线 $f(t)$。其中,时程的强度包线不仅控制持续时间,还给出时程强度的变化规律。常用的模型为:

$$a(t)=f(t)\sum_{k=0}^{n}A_k \cdot \cos(\omega_k t+\varphi_k) \tag{5-1}$$

式中:A_k、ω_k——分别为第 k 个频率分量的幅值和频率,相位角 φ_k 为 $(0,2\pi)$ 区间内均匀分布的随机变量。

根据这一模型,首先要构造一个零均值的平稳高斯过程,即:

$$X(t)=\sum_{k=0}^{n}A_k \cdot \cos(\omega_k t+\varphi_k) \tag{5-2}$$

其中,三角级数各分量幅值一般可以由给定的功率谱密度函数求得。

$$A_k=\sqrt{4S(\omega_k)\Delta\omega} \tag{5-3}$$

式中:$S(\omega_k)$——功率谱;

$$\Delta\omega=\frac{2\pi}{T}$$

$$\omega_k=\frac{2\pi k}{T}$$

T——随机过程 $X(t)$ 的持续时间。

上式中的功率谱可以利用反应谱与功率谱的近似转换关系,由目标反应谱转换得到，转换关系为：

$$S(\omega) = \frac{\xi}{\pi\omega} \cdot [S_a^T(\omega)]^2 \cdot \frac{1}{-\ln\left[\frac{-\pi}{\omega T}\ln(1-P)\right]} \tag{5-4}$$

式中：$S_a^T(\omega)$——给定的目标加速度反应谱；

ξ——阻尼比；

P——反应不超过反应谱值的概率，一般可取 $P \geqslant 0.85$；

T——持续时间。

在数值计算中，通常用快速傅立叶变换（FFT）技术进行三角级数求和。这时，把式（5-2）写成傅立叶变换的形式：

$$X(t) = \sum_{k=0}^{N-1} A(\omega_k) \cdot e^{i\omega_k t} \tag{5-5}$$

式中：$A(\omega_k)$——$X(t)$ 的傅立叶幅值谱；

$$A(\omega_k) = FS(\omega_k) e^{i\varphi_k} \tag{5-6}$$

上式中，$FS(\omega_k)$ 为幅值谱，φ_k 为相位谱，并有：

$$FS(\omega_k) = \begin{cases} \sqrt{4 \cdot S(\omega_k) \cdot \Delta\omega} & (k = 0, \frac{N}{2}) \\ \sqrt{S(\omega_k) \cdot \Delta\omega} & (k = 1, \cdots, \frac{N}{2} - 1) \end{cases}$$

$$A(\omega_k) = A^*(\omega_{N-1}) \quad (k = \frac{N}{2} + 1, \cdots, N-1) \tag{5-7}$$

上式中，$A^*(\omega_{N-1})$ 为 $A(\omega_k)$ 的共轭。

对式（5-6）进行傅立叶逆变换即可得到式（5-2）所示的平稳高斯过程。

式（5-1）中的非平稳强度包络线可选取如图 5-3 所示的常用形式，其表达式为：

$$f(t) = \begin{cases} (t/t_1)^2 & (0 \leqslant t < t_1) \\ 1 & (t_1 \leqslant t < t_2) \\ e^{-c(t-t_2)} & (t_2 \leqslant t \leqslant T) \end{cases} \tag{5-8}$$

其中，$0 \sim t_1$ 为峰值的上升段；$t_1 \sim t_2$ 为峰值的平稳段；T 为持续时间；c 为峰值的衰减系数。

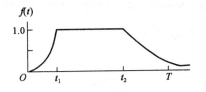

图 5-3 强度包线

地震动持时参数的确定可采用霍俊荣提出的统计公式：

$$\lg Y = -a_1 + a_2 M + a_3 \lg(R + R_0) \tag{5-9}$$

式中：Y——地震动持时参数，可以是 t_1、T_s、c 之一；

T_s——峰值的平稳段持时，即 t_2-t_1；

M——等效震级；

R——等效震中距。

考虑对桥梁工程场地地震危险性分析影响较大的潜在震源的震级上限和离开场址的距离，可综合研究确定地震动加速度时程的形状函数。

将式（5-8）和式（5-2）相乘，即可得到式（5-1）所示的地震动 $a(t)$ 的初始过程。

由于式（5-4）表示的反应谱与功率谱的关系是近似的，式（5-7）表示的傅立叶幅值谱与功率谱的关系是概率平均关系，所以初始过程 $a(t)$ 对应的反应谱一般只近似于目标反应谱，符合的程度也是概率平均的。

为了提高地震动加速度时程的拟合精度，还需要进行迭代。通用的方法是按下式调整式（5-1）中的傅立叶幅值谱：

$$A^{i+1}(\omega_k) = \frac{S_a^T(\omega_j)}{S_a(\omega_j)} A^i(\omega_k) \qquad (N_{1j} < k \leqslant N_{2j}) \tag{5-10}$$

式中：$A^i(\omega_k)$、$A^{i+1}(\omega_k)$——分别是第 i 次和 $i+1$ 次迭代的结果；

$S_a^T(\omega_j)$、$S_a(\omega_j)$——分别为第 j 个控制点的目标谱和计算反应谱。

采用这一方法对幅值谱调整仅局限在控制频率 ω_j 附近的 $N_{1j} \sim N_{2j}$ 个傅立叶分量。通常，ω_{1j} 和 ω_{2j} 按下述方法选取：

$$\begin{cases} \omega_{1j} = \frac{1}{2}(\omega_{j-1} + \omega_j) \\ \omega_{2j} = \frac{1}{2}(\omega_j + \omega_{j+1}) \end{cases} \tag{5-11}$$

频段 $\omega_{1j} \sim \omega_{2j}$ 为 ω_j 的主控频段,如图 5-4 所示。对于目标谱控制点 ω_j,迭代运算时只改变主控频段的幅值谱。

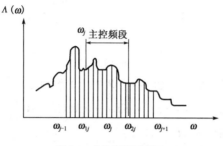

图 5-4 主控频段示意图

对幅值谱进行多次迭代修正,可使计算反应谱向目标谱逼近,直到反应谱在控制点处的最大误差小于或等于允许的误差,即可完成地震动加速度时程的拟合。

上述方法为地震加速度时程拟合的常用方法,其具体步骤可用图 5-5 所示的框图来表示。

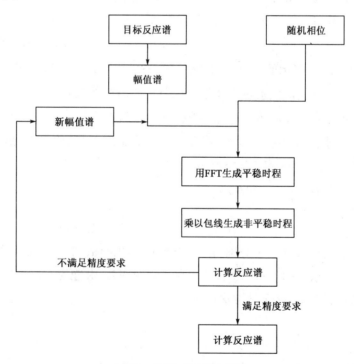

图 5-5 地震加速度拟合框图

在地震加速度时程拟合或调整时，如何快速地使计算反应谱向目标谱逼近最为关键。采用前述的幅值谱调整法时，有时会遇到个别控制点的误差经过多次迭代也无法满足精度要求的情况，这和随机相位的选取有很大关系。如果对拟合的精度要求较高，或者对长周期分量比较关注，则可以采用胡聿贤等提出的改进的幅值调整法和相位调整法进行迭代。

5.3.2 桥址已作地震安全性评价并提供了设计地震动时程的，进行抗震验算时，设计地震动时程应取用工程场地地震安全性评价的结果。

地震安全性评价根据对建设工程场址和场址周围的地震与地震地质环境的调查，场地地震工程地质条件勘测，通过地震地质、地球物理、地震工程等多学科资料的综合评价和分析计算，按照工程类型、性质、重要性，科学合理地给出与工程抗震设防要求相应的地震动参数，以及场址的地震地质灾害预测结果。由此可以看出，地震安全性评价是根据工程所能够承受的风险水平或工程抗震设防标准而确定的。

《中华人民共和国防震减灾法》第 34 条的规定："重大建设工程和可能发生严重次生灾害的建设工程，应当按照国务院有关规定进行地震安全性评价，并按照经审定的地震安全性评价报告所确定的抗震设防要求进行抗震设防。"抗震规范规定，对于已做工程场地地震安全性评价的，需按照地震安全性评价的结果进行结构的抗震计算分析。

5.4 抗震设计

5.4.1 进行桥梁结构抗震设计时，应建立合理的抗震验算模型。结构形式简单的桥梁结构可简化为单自由度体系的模型进行抗震验算。

为了简化桥梁结构的动力响应计算及抗震设计和校核，根据梁桥结构在地震作用下动力响应的复杂程度将桥梁可以分为两大类，即规则桥梁和非规则桥梁。规则桥梁地震反应以一阶振型为主，可以采用抗震规范建议的各种简化计算公式进行分析。非规则桥梁，由于其动力响应特性相对复杂一些，采用简化计算方法可能不能很好地把握其动力响应特性，因此对非规则桥梁，抗震规范要求采用比较复杂的分析方法来确保其在实际地震作用下的性能满足设计要求。

由于非规则桥梁动力响应特性的复杂性，采用简化计算方法不能正确地把握其动力响应特性，要求采用杆系有限元建立动力空间计算模型。正确地建立桥梁结构的动力空间模型是进行桥梁抗震设计的基础。为了正确反映实际桥梁结构的动力特性，要求每个墩柱至少采用3个杆系单元；桥梁支座采用支座连接单元模拟，单元的质量可采用集中质量代表（图5-6）。

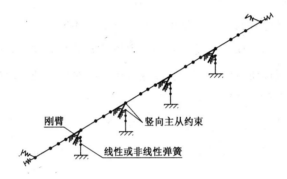

图5-6 桥梁动力空间计算模型

阻尼是影响结构地震反应的重要因素，在进行非规则桥梁时程反应分析时可采用瑞利阻尼假设建立阻尼矩阵。根据瑞利阻尼假设，结构的阻尼矩阵可表示为下式：

$$[C] = a_0 [M] + a_1 [K] \quad (5\text{-}12)$$

式中：$[M]$、$[K]$——分别为结构的质量和刚度矩阵；

a_0、a_1——系数，可按下式确定：

$$\begin{Bmatrix} a_0 \\ a_1 \end{Bmatrix} = \frac{2\xi}{\omega_n + \omega_m} \begin{Bmatrix} \omega_n \omega_m \\ 1 \end{Bmatrix} \quad (5\text{-}13)$$

ξ——结构阻尼比，对于混凝土桥梁 $\xi=0.05$；

ω_n、ω_m——结构振动的第 n 阶和第 m 阶圆频率，一般 ω_n 取可取结构的基频，ω_m 取后几阶对结构振动贡献大的振型的频率。

在建立一般非规则桥梁动力空间模型时应尽量建立全桥计算模型，但对于很长的桥梁，可以选取具有典型结构或特殊地段或有特殊构造的多联梁桥（一般不少于3联）进行地震反应分析。这时应考虑邻联结构和边界条件的影响，邻联结构和边界条件的影响可以在所取计算模型的末端再加上一联梁桥或桥台模拟，如图5-7所示。

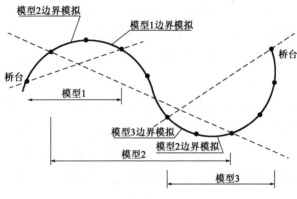

图 5-7　边界条件和后继结构的模拟

5.4.2　桥台台身在地震作用下产生的地震惯性力，在进行抗震验算时可简化为静力参与验算。

1975年海城地震和1976年唐山地震中由于桥台伴随台后填土整体地向河心滑移造成了许多桥台的破坏和倒塌事故，桥台的破坏成为这两次地震中桥梁震害的鲜明特点。2008年汶川地震中，也发现了较多的桥台破坏，其中包括了重力式桥台的墙体开裂、肋板式桥台的肋板开裂、桥台耳背墙开裂、桥台锥坡开裂、桥台台后填料垮塌、搭板下沉等病害。

近年来，桥台震害的大量存在引起了越来越多的注意。调查表明，桥台震害主要表现为桥台自身构件的损坏，桥台基底承载力丧失而发生的倾覆破坏、台后填料或岸坡滑移所导致的桥台的滑移破坏等。由于桥台的抗震性能涉及土、桥台和上部结构的共同作用，因此可以归结为土—结构相互作用的范畴。

土—结构的相互作用问题一直以来都是桥梁结构抗震设计的一个研究重点和难点。其相互作用是一个复杂的耦合的相互作用过程，是一个涉及土动力学、结构动力学、地震工程学、非线性振动理论和计算机技术等诸多学科的交叉性研究课题。几十年来，国内外许多学者进行了大量的研究，提出了许多模型和方法，但由于土这种介质的复杂性，土—结构的相互作用问题至今没有得到较好的解决。

基于此，目前研究土—结构相互作用问题的较好的方法是将试验研究与理论模拟分析相结合，以此来校验理论研究工作的合理性。由于模型振动台试验可以研究边界条件，上部结构与桥台之间的连接条件等对模型动力响应的约束作用，成为目前研究桥台—土—结构相互作用的重要途径。虽然，国内外基于此进行了大量的研究工作，但桥台—土—结构相互作用的振动台试验的研究仍是国际上公认的难点。

唐山地震后，我国学者何度心先生和其他的科研人员，也就桥台的抗震性能进行了初步的研究，其研究的部分成果也纳入了原规范。其后，也有不少学者对这方面内容进行了研究。总体而言，目前的研究成果尚不能建立系统的实用设计方法。因此，抗震规范延续了原规范的规定，对于桥台而言，可采用静力法计算。

5.4.3 需要验算 E2 地震作用下抗震能力的钢筋混凝土墩柱式梁桥，可将墩柱作为延性构件设计，将基础、盖梁、梁体和结点作为能力保护构件设计。设计弯矩和剪力可按下列要求确定：

1 墩柱的设计剪力值应采用墩柱的极限弯矩所对应的剪力。计算墩柱设计剪力值时，应考虑所有潜在塑性铰位置以确定最大的设计剪力值。

2 盖梁、基础的设计弯矩值和设计剪力值应采用墩柱的极限弯矩（考虑超强系数）所对应的弯矩、剪力值。

1971 年美国圣弗尔南多（San Fernando）地震爆发以后，各国都认识到结构的延性能力对结构抗震性能的重要意义；在 1994 年美国北岭（Northridge）地震和 1995 年日本神户（Kobe）地震爆发后，强调结构总体延性能力已成为一种共识。为保证结构的延性，同时最大限度地避免地震破坏的随机性，新西兰学者 Park 等在 20 世纪 70 年代中期提出了结构抗震设计理论中的一个重要原则——能力保护设计原则（Philosophy of Capacity Design），并最早在新西兰混凝土设计规范（NZS3101，1982）中得到应用。以后这个原则先后被美国、欧洲和日本等的桥梁抗震规范所采用。

美国出版的《AASHTO Guide Specifications for LRFD Seismic Bridge Design》（AASHTO 抗震指南）中，明确规定了桥梁结构的合理抗震体系（Earthquake Resistance Sytem）。而且规定对于所有抗震设计类别为 C、D 的桥梁结构

都必须进行抗震体系的确认,以作为桥梁抗震设计中的关键环节,以满足桥梁的抗震安全性能要求。

AASHTO 抗震指南中所规定的容许使用的抗震体系如图 5-8 所示,分别针对连续刚构桥、连续梁桥以及简支梁桥三种桥型。

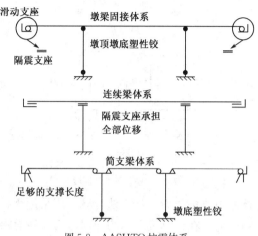

图 5-8 AASHTO 抗震体系

由此可见,对于连续刚构桥和简支梁桥,该指南均引入了能力保护设计原则。能力保护设计原则的基本思想在于:通过设计,使结构体系中的延性构件和能力保护构件形成强度等级差异,确保结构构件不发生脆性的破坏模式。基于能力保护设计原则的结构抗震设计过程,一般都具有以下特征:

(1) 选择合理的结构布局。

(2) 选择地震中预期出现的弯曲塑性铰的合理位置,保证结构能形成一个适当的塑性耗能机制;通过强度和延性设计,确保潜在塑性铰区域截面的延性能力。

(3) 确立适当的强度等级,确保预期出现弯曲塑性铰的构件不发生脆性破坏模式(如剪切破坏、黏结破坏等),并确保脆性构件和不宜用于耗能的构件(能力保护构件)处于弹性反应范围。

具体到梁桥,按能力保护设计原则,应考虑以下几方面:

(1) 塑性铰的位置一般选择出现在墩柱上,如图 5-9 所示。墩柱作为延性构件设计,可以发生弹塑性变形,耗散地震能量。

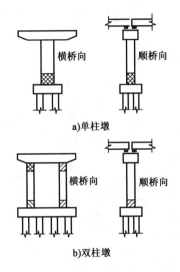

图 5-9　墩柱塑性铰区域

（2）墩柱的设计剪力值按能力设计方法计算，应采用墩柱的极限弯矩（考虑超强系数）所对应的剪力。在计算设计剪力值时应考虑所有潜在塑性铰位置，以确定最大的设计剪力。

（3）盖梁、结点及基础按能力保护构件设计，其设计弯矩、设计剪力和设计轴力应为与墩柱的极限弯矩（考虑超强系数）所对应的弯矩、剪力和轴力；在计算盖梁、结点和基础的设计弯矩、设计剪力和设计轴力值时，应考虑所有潜在塑性铰位置，以确定最大的设计弯矩、剪力和轴力。

5.4.4　桥梁宜采用构造简单、性能可靠的减隔震装置。减隔震装置应在其性能明确的范围内使用。采用减隔震装置后，桥梁的基本周期宜大于不采用减隔震装置时的基本周期的 2 倍。

与依靠增加结构构件自身强度、变形能力来抵抗地震反应的传统结构的抗震设计方法相比，结构的减隔震技术无论在提高结构的整体抗震性能方面还是在降低结构的工程造价方面都具有很明显的好处。前者容许较大的地震能量从地面传入到结构中去，抗震设计的方法就是考虑采用什么措施来抵抗这么大的地震能量而使结构的损伤程度保持在人们可以接受的范围内。可以通过设计在适当的位置设置塑性铰，并通过仔细的构件细部构造措施来确保结构的整体性和防止结构倒塌的发生，但是结构构件的损伤是不可避免的。而后者，是指在结构的特定部位

5 桥　　梁

设置某种装置或是子结构或是施加外力，以改变或调整结构的动力特性，确保结构本身以及结构的各种附属物的安全。

隔震的本质和目的是将结构与可能引起结构破坏的地面运动尽可能地分离开来。为了达到这个目的，可以延长结构的周期，避开地震的卓越周期，从而降低传入到结构中的地震能量，如图 5-10 所示。从图 5-11 中可以看出，虽然周期的延长可以有效地减小传入到结构中的地震力，但是随着结构周期的延长，结构的位移反应必然随着增加，可能会造成设计上的困难。此外，由于结构较柔，在正常使用荷载作用下结构可能会发生有害的振动。为了控制结构的有害振动，减小结构的变形，可以通过增加结构阻尼来吸收一部分地震能量，减小结构的地震反应，此为减震。实际工程应用中，所设置的某种装置同时具备了延长结构周期和吸收部分地震能量的作用，因此称为减隔震装置。

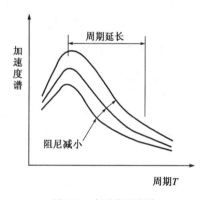
图 5-10　加速度反应谱

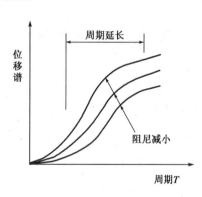
图 5-11　位移反应谱

因此，对于桥梁的减隔震设计，最重要的因素就是设计合理、可靠的减隔震装置并使其在结构抗震中充分发挥作用，即桥梁结构的大部分耗能、塑性变形集中于这些装置，允许这些装置在大地震作用下发生大的塑性变形和存在一定的残余位移，而结构其他构件的响应基本为弹性或有限塑性。但是，减隔震装置并不是在任何情况下均适用。对于基础土层不稳定、易于发生液化的场地，下部结构刚度小、桥梁结构本身的基本振动周期比较长，位于场地特征周期比较长、延长周期可能引起地基与桥梁结构共振以及支座中出现较大负反力等情况，不宜采用减隔震装置。现有研究表明，在场地条件比较稳定的情况下，可使用减隔震装置。

减隔震装置是通过延长结构的基本周期，避开地震能量集中的范围，从而降低结构的地震力。但延长结构周期的同时，必然使得结构比较柔，从而可能导致结构在正常使用荷载作用下发生有害振动，因此要求结构宜具有一定的刚度和屈服强度，保证在正常使用荷载下（如风、制动力等）结构不发生有害屈服和振动。

同时，应用减隔震装置的结构的变形会增加一些。为了确保结构在地震作用下的预期性能，在相邻上部结构之间应设置足够的间隙，且必须对伸缩缝装置、相邻梁间限位装置、防落梁装置等进行合理的设计，并对施工质量予以明确规定。

采用减隔震装置的桥梁，在地震作用下宜以减隔震装置抗震为主，非弹性变形和耗能宜主要集中于这些装置。

5.5 强度和变形验算

5.5.1 桥梁工程应按式（5.5.1）验算其承载能力极限状态下地震作用偶然组合时的承载能力：

$$\gamma_0 \left(\sum_{i=1}^{m} \gamma_{Gi} S_{GiK} + \sum_{j=1}^{n} S_{QjK} + Q_e \right) \leqslant R(\gamma_f, f_K, \gamma_a, \alpha_K) \quad (5.5.1)$$

式中：γ_0——结构重要性系数；

S_{GiK}——第 i 个永久作用效应；

S_{QjK}——可能与地震作用同时作用的第 j 个可变作用的一定量级的效应；

Q_e——地震作用效应；

γ_{Gi}——永久作用分项系数，具体取值见现行《公路圬工桥涵设计规范》（JTG D61）和《公路钢筋混凝土及预应力混凝土桥涵设计规范》（JTG D62）；

$R(\cdot)$——结构或结构构件的抗力函数，按现行《公路圬工桥涵设计规范》（JTG D61）和《公路钢筋混凝土及预应力混凝土桥涵设计规范》（JTG D62）的有关规定计算；

γ_f——结构材料、岩土性能的分项系数；

5 桥　　梁

γ_a——结构或构件几何参数的分项系数；

f_K——材料、岩土性能的标准值；

α_K——几何参数的标准值。

公路桥涵结构的承载能力极限状态设计，按照可能出现的作用，分为两种作用效应组合，即基本组合和偶然组合。就目前而言，由于地震发生的时间、地点、频率、强度等因素具有高度的不确定性，因此，对于实际的工程结构而言，地震作用作为一种偶然作用予以考虑。

作用效应的偶然组合是指永久作用标准值、可变作用代表值和一种偶然作用标准值的效应组合，根据具体情况不同，也可不考虑可变作用参与组合。

本条公式是国内外普遍采用的承载能力极限状态设计作用表达式。

对于各类桥梁的承载能力验算要求如下：

（1）D 类桥梁

根据本规范第 3 章表 3.1.2 桥梁的抗震设防目标，仅需要进行 E1 地震作用下的抗震验算，要求 E1 地震作用下桥梁结构不受损坏或不需修复可继续使用，因此需要按本条验算桥墩、基础、盖梁和桥台等的极限承载能力。

（2）B 类和 C 类桥梁

基础、盖梁需要按能力保护设计原则计算出其设计力，然后按本条验算基础、盖梁的极限承载能力；需要注意的是，桥墩塑性铰区域的抗剪承载能力需要按《公路桥梁抗震设计细则》（JTG/T B02-01—2008）中规定计算。

E1 地震作用下需要按本条验算桥墩的抗弯承载能力和桥台的承载能力。

5.5.2　桥梁结构在 E2 地震作用下，应验算潜在塑性铰区域沿顺桥向和横桥向的塑性转动能力；对于简支桥梁结构，可简化为验算桥墩墩顶的位移。

墩柱塑性铰区域的极限转动能力主要与混凝土、钢筋的应力—应变关系以及截面尺寸有关。当混凝土和钢筋的应力—应变关系确定后，通过截面的轴力—弯矩—曲率（P-M-ϕ）分析可以确定墩柱塑性铰区域截面的屈服曲率和极限曲率，从而确定塑性铰区域的转动能力。

假设截面的极限曲率 ϕ_u 在塑性铰范围内均匀分布（图 5-12），塑性铰的长度为 L_p，则塑性铰的极限塑性转角为：

$$\theta_u = (\phi_u - \phi_y) \cdot L_p / K \tag{5-14}$$

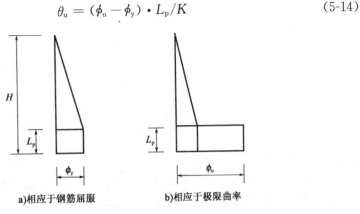

图 5-12　曲率分布模式

式中：ϕ_y——截面的等效屈服曲率（1/cm）；

ϕ_u——截面的极限曲率；

K——安全系数，取 2；

L_p——等效塑性铰长度。

等效塑性铰长度 L_p 同塑性变形的发展和极限压应变有很大的关系，由于试验结果离散性很大，目前主要用经验公式来确定。抗震规范引用美国《AASHTO Guide Specifications for LRFD Seismic Bridge Design》的相关公式。

$$L_p = 0.08H + 0.022 f_y d_{bl} \geqslant 0.044 f_y d_{bl} \tag{5-15}$$

式中：H——悬臂墩的高度或塑性铰截面到反弯点的距离（cm）；

f_y——纵向钢筋抗拉强度标准值（MPa）；

d_{bl}——纵向主筋的直径（cm）。

截面的等效屈服曲率和极限曲率可以通过截面的轴力—弯矩—曲率（P-M-ϕ）关系曲线确定，轴力—弯矩—曲率（P-M-ϕ）关系曲线可采用条带法（图5-13）计算，其基本假定为：

（1）平截面假定。

（2）剪切应变的影响忽略不计。

（3）钢筋和混凝土之间无滑移现象。

（4）采用钢筋和混凝土的应力—应变关系。钢筋的应力—应变曲线可以采用双线性模型，混凝土应力—应变可以采用 Mander 提出的约束和约束混凝土应力—应变关系。

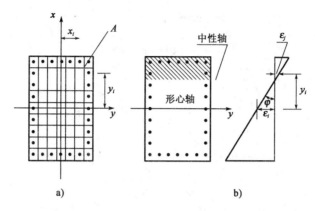

图 5-13 计算简图

用条带法求轴力—弯矩—曲率（P-M-ϕ）关系时有两种方法，即逐级加荷载法和逐级加变形法。逐级加荷载法的主要问题是每改变一次荷载，截面曲率和应变都要同时改变，而且加载到最大弯矩之后，曲线进入软化段，很难确定相应的曲率和应变。所以一般采用逐级加变形法。

截面的等效屈服曲率 ϕ_y 和等效屈服弯矩 M_y 可通过把实际的轴力—弯矩—曲率（P-M-ϕ）等效为理想弹塑性轴力—弯矩—曲率曲线来求得，等效方法可根据图中两个阴影面积相等求得（图 5-14），计算中应考虑最不利轴力组合。

极限破坏状态的曲率能力 ϕ_u 应通过考虑最不利轴力组合的轴力—弯矩—曲率（P-M-ϕ）曲线确定，为混凝土应变达到极限压应变 ε_{cu}，或约束钢筋达到折减极限应变 ε_{su}^R，或纵筋达到折减极限应变 ε_{lu} 时相应的曲率。混凝土的极限压应变 ε_{cu} 可按下式计算：

$$\varepsilon_{cu} = 0.004 + \frac{1.4\rho_s \cdot f_{kh} \cdot \varepsilon_{su}^R}{f_{c,ck}} \quad (5\text{-}16)$$

$$\rho_s = \rho_x + \rho_y \quad (5\text{-}17)$$

式中：ρ_s——约束钢筋的体积含筋率，对于矩形箍筋；

ρ_x、ρ_y——分别为顺桥向与横桥向箍筋体积含筋率；

f_{kh}——箍筋抗拉强度标准值（MPa）；

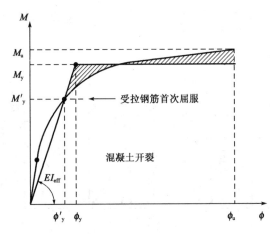

图 5-14 等效屈服曲率

$f_{c,ck}$——约束混凝土的峰值应力（MPa），一般情况下可取 1.25 倍的混凝土抗压强度标准值；

ε_{su}^R——约束钢筋的折减极限应变，$\varepsilon_{su}^R = 0.09$。

ε_{lu} 为纵筋的折减极限应变，$\varepsilon_{lu} = 0.1$。

对于规则桥梁的单柱墩，由于其响应主要由一阶振型控制，E2 地震作用下，墩顶的容许位移可以根据塑性铰的塑性转动能力，按式（5-16）计算；对于双柱墩横桥向，由于很难根据塑性铰转动能力直接给出计算墩顶的容许位移的计算公式，建议采用非线性静力分析方法（Pushover），计算墩顶容许位移。

$$\Delta_u = \frac{1}{3} H^2 \times \phi_y + (H - \frac{L_p}{2}) \times \theta_u \tag{5-18}$$

5.5.3 支座的性能应满足地震作用下对强度和允许变形量的要求。

支座在桥梁结构中起到联结上部结构和下部结构的作用，上部结构通过支座将自重和外部荷载传递到下部结构中，下部结构通过支座来支撑上部结构。支座对桥梁的墩台的受力状态、上部结构的水平位移、转动位移起着十分重要的作用。其性能好坏直接影响桥梁的使用效果与寿命。

地震作用下，支座的损坏十分常见，是桥梁地震病害的主要形式之一。历次大地震中，均有不少桥梁结构由于支座的破坏而造成了更为严重的落梁破坏。由于支承连接件失效，上部结构和下部结构之间将产生更大的相对位移，如果没有受到其他约束，上部结构就可能与下部结构脱开，并导致梁体坠毁。由于落梁的强烈冲击力，下部结构也将遭受严重的破坏。例如，在1975年海城地震和1976年唐山地震中，就有不少桥梁因支承连接件破坏引起落梁并最终导致结构倒塌的例子；1989年美国洛马·普里埃塔地震中旧金山—奥克兰海湾大桥一跨落梁；2008年汶川地震中的庙子坪大桥等均有因为支承连接件失效所产生的落梁破坏。

支座的震害历来被认为是桥梁整体抗震性能中的一个薄弱环节。其主要原因是设计时没有充分考虑地震作用下对支座强度和变形的要求，构造措施不足等。

在较强的水平地震动与竖直地震动共同作用下，支座的破坏会更为严重。

5.6 抗震措施

5.6.1 宜采用对抗震有利的桥梁形式。

从抗震角度来说，桥梁结构应力求简单、规则，各跨分布均匀，各墩的刚度也应均匀分布。然而为了适应桥址环境及路线走向，需采用变跨长、变墩高的弯坡桥。在总结大量震害的基础上，笔者提出：中小跨径桥梁的设计过程中，应贯彻落实"多道设防，分级耗能"的抗震理念，注意"保险丝式单元"的应用。保险丝式单元，顾名思义，即通过自身的破坏或失效来保证桥梁结构整体安全的构件单元。保险丝式单元是保障桥梁安全的第一道防线，就是在桥梁易于检测、便于修复的部位设计为薄弱的耗能部位或构件。在大地震中，桥梁损伤是不可避免的，抗震设计应遵循"一可三易"（可控、易检、易修、易换）的原则，即损伤部位及损伤程度可控，损伤部位易检，损伤构件易修，破坏构件易换。通过合理的地震力传力途径，避免主要承重构件意外受损，或出现难以检修的损伤。对于中小跨径梁桥，笔者建议：在发生破坏性地震时，支座作为保险丝式单元优先损坏，桥墩可出现可修复的损伤或损坏，桩基不能损伤。

5.6.2 上部结构连续的桥梁，各桥墩高度宜相近。相邻桥墩高度相差较大时，宜采取采用不同的桥墩断面构造、下挖地面等措施调整桥墩的抗推刚度。

对于连续梁桥，同一联内各桥墩的高度不同而导致其抗推刚度相差较大，则水平地震力在各墩间的分配不均衡，刚度大的墩将承受较大的水平地震力，严重时可能导致刚度较大的桥墩发生破坏，从而导致全桥的损毁。如果刚度扭转中心和质量中心偏离，上部结构还将伴随产生水平转动，又可能导致落梁或者上部结构的碰撞。

对于梁式桥，各桥墩高度宜尽可能相近。对于相邻桥墩高度相差较大导致刚度相差较大的情况，水平地震力在各墩间的分配一般不理想，刚度大的墩将承受较大的水平地震力，影响结构的整体抗震能力。刚度扭转中心和质量中心的偏离会在上部结构产生转动效应，加重落梁和碰撞等破坏。美国《AASHTO Guide Specifications for LRFD Seismic Bridge Design》第4.1.2条明确给出了连续梁桥桥墩间刚度要求（图5-15），即对于梁式桥，一联内桥墩的刚度比宜满足下列要求：

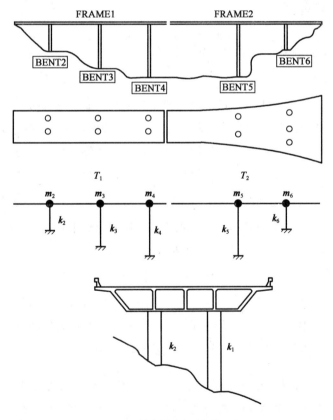

图 5-15 梁式桥刚度平衡的理念

(1) 任意两桥墩刚度比：

①桥面等宽：

$$\frac{k_i^e}{k_j^e} \geqslant 0.5 \tag{5-19}$$

②桥面变宽：

$$\frac{k_i^e m_j}{k_j^e m_i} \geqslant 0.5 \tag{5-20}$$

(2) 相邻桥墩刚度比：

①桥面等宽：

$$\frac{k_i^e}{k_j^e} \geqslant 0.75 \tag{5-21}$$

②桥面变宽：

$$\frac{k_i^e m_j}{k_j^e m_i} \geqslant 0.75 \tag{5-22}$$

式中：k_i^e、k_j^e——分别为第 i 和第 j 桥墩考虑支座、挡块或剪力键后计算出的组合刚度（含顺桥向和横桥向），$k_j^e \geqslant k_i^e$；

m_i、m_j——分别为第 i 和第 j 桥墩墩顶等效的梁体质量。

5.6.3 在刚度较大的桥墩处可设置能协调结构在地震作用下变形的设施，保证结构的抗震性能。

梁式桥相邻联周期相差较大的情况会产生相邻联间的非同向振动（out-of-phase vibration），从而导致伸缩缝处相邻梁体间较大的相对位移和伸缩缝处碰撞。为了减小相邻联的非同向振动，美国《AASHTO Guide Specifications for LRFD Seismic Bridge Design》第 4.1.3 条建议梁式桥（多联桥）相邻联的基本周期比宜满足：

$$\frac{T_i}{T_j} \geqslant 0.7 \tag{5-23}$$

式中：T_i、T_j——分别为第 i 和第 j 联的基本周期（s）（含顺桥向和横桥向），$T_j \geqslant T_i$。

而当桥梁刚度和质量的平衡关系无法满足时，也可通过调整墩的直径和支座等方法来改善桥的平衡情况。美国《AASHTO Guide Specifications for LRFD Seismic Bridge Design》第4.1.4条建议，对于梁式桥，一联内各桥墩刚度相差较大或相邻联基本周期相差较大时，宜采用以下方法调整一联内各墩刚度比或相邻周期比：

（1）顺桥向，宜在各墩顶设置合理剪切刚度的橡胶支座，来调整各墩的等效刚度；

（2）改变墩柱尺寸或纵向钢筋配筋率。

其中，相对简单易行的办法是通过支座调整各墩的等效刚度。当采用橡胶支座后，由墩和支座构成的串联体系的水平刚度为：

$$k_t = \frac{k_z k_p}{k_z + k_p}$$

式中：k_t——由墩和支座构成的串联体系的水平刚度；

k_z、k_p——分别为橡胶支座的剪切刚度和桥墩的水平刚度。

地震时，水平地震力就是根据各墩串联体系的水平刚度按比例进行分配的。从上式可以看出，调整支座的刚度可以有效地调整各墩位处的刚度平衡。

5.6.4 应加强结构塑性铰区域、结点区域等薄弱部位的构造措施，保证结构的强度和延性。

目前，大多数国家的桥梁抗震设计规范指出，桥梁延性机制的形成是通过选定结构的潜在塑性铰区的塑性变形（形成塑性铰）和耗能来实现的，或采用减隔振装置减小结构的地震反应。

（1）美国 AASHTO 规范（表 5-1）

表 5-1 混凝土结构延性设计

项 目	设 计 说 明
塑性铰区范围	取以下三项较大者：柱最大截面尺寸；柱净高的 1/6；450mm
墩柱的螺旋筋和圆形箍筋	螺旋筋的体积配筋率 ρ_s 取 $\rho_s = 0.45\left(\frac{A_g}{A_c}-1\right)\frac{f'_c}{f_{yh}}$ 与 $\rho_s = 0.12\frac{f'_c}{f_{yh}}$ 的较大者。 式中：A_g——毛截面积； A_c——核心混凝土面积； f'_c——混凝土抗压强度； f_{yh}——箍筋屈服强度

5 桥　梁

续上表

项　目	设 计 说 明
墩柱的矩形箍筋	矩形箍筋（马蹄筋）的整个毛截面面积 A_{sh} 取 $A_{sh} = 0.30ah_c \dfrac{f'_c}{f_{yh}}\left(\dfrac{A_g}{A_c} - 1\right)$ 与 $A_{sh} = 0.12ah_c \dfrac{f'_c}{f_{yh}}$ 的较大者。 式中：a——箍筋间距； 　　　h_c——计算方向上核心混凝土尺寸
钢筋的搭接和锚固	纵向钢筋只允许出现的柱的中部，搭接长度至少为 60 倍的钢筋直径或 400mm；横向钢筋在纵筋搭接处中心线间距离不应超过以下两者的较小值：0.25 倍最小截面尺寸和 100mm。 柱顶部和底部最大截面尺寸或者柱净高 1/6 范围内的横向约束钢筋，其间距不小于 450mm；在搭接范围内的横向钢筋的最大间距不超过构件最小尺寸的 1/4 或 100mm 的较小者；以上所述横向钢筋范围内不容许螺旋筋的搭接，这些范围内螺旋筋的连接应该采用完全强度焊接；桥墩的最小水平钢筋配筋率 ρ_h 和竖向钢筋配筋率 ρ_n 不小于 0.002 5，最小间距不超过 457mm。 剪切钢筋要求连续并且分布均匀。 墩的水平钢筋的搭接要求错落分布
桥墩纵向钢筋	纵向钢筋的面积应该不小于 0.01 或者大于 0.06 倍毛截面面积 A_g
上部结构与墩柱的节点	按最大节点剪力设计

（2）Caltans 准则（表 5-2）

表 5-2　混凝土结构延性设计

项　目	设 计 说 明
等效塑性铰长度	$$L_p = 0.08L + 0.022f_{ye}d_{bl} \geqslant 0.044f_{ye}d_{bl}$$ 式中：L——最大弯矩点到反弯点的距离； 　　　d_{bl}，f_{ye}——分别为纵筋直径（mm）和屈服应力（MPa）
墩柱的螺旋筋和圆形箍筋	分为塑性铰区之外和塑性铰区之内两种情况。塑性铰区定义为：max（弯曲方向截面的 1.5 倍，超过最大塑性弯矩 75% 的区域，最大弯矩点至反弯点之间长度的 0.25 倍）。延性构件塑性铰长度范围内的体积配筋率按照 $\rho_s = \dfrac{4 \times A_b}{D' \times s}$ 计算， 式中：D'——外围箍筋中心线围成混凝土截面尺寸； 　　　A_b——单根钢筋面积； 　　　s——箍筋间距。 塑性铰区内最小体积配筋率为：

续上表

项 目	设 计 说 明
墩柱的螺旋筋和圆形箍筋	$$\rho_{s,\min} = \begin{cases} 0.45\dfrac{f'_c}{f_{yh}}\left(\dfrac{A_g}{A_c}\right)\left(0.5+\dfrac{1.25P_e}{f'_cA_g}\right) & D \leqslant 0.9\mathrm{m} \\ 0.12\dfrac{f'_c}{f_{yh}}\left(0.5+\dfrac{1.25P_e}{f'_cA_g}\right) & D > 0.9\mathrm{m} \end{cases}$$，而且不得小于 $\rho_s = 0.45\dfrac{f'_c}{f_{yh}}\left(\dfrac{A_g}{A_c}-1\right)$（塑性铰区之外）的计算结果。 式中：$P_e$——重力和地震作用下产生的轴力； 　　　f'_c——混凝土抗压强度； 　　　f_{yh}——箍筋设计强度； 　　　A_g、A_c——分别为毛截面积和核心混凝土截面积； 　　　D——截面最小边长
墩柱的矩形箍筋	分为塑性铰区之外和塑性铰区之内两种情况。在塑性铰区内箍筋面积不得小于： $$A_{sh,\min} = \begin{cases} 0.3sh_c\left(\dfrac{A_g}{A_c}-1\right)\dfrac{f'_c}{f_{yh}}\left(0.5+1.25\dfrac{P_e}{f'_cA_g}\right) & D \leqslant 0.9\mathrm{m} \\ 0.12sh_c\dfrac{f'_c}{f_{yh}}\left(0.5+1.25\dfrac{P_e}{f'_cA_g}\right) & D > 0.9\mathrm{m} \end{cases}$$ 且不得小于塑性铰区之外箍筋面积 $A_{sh} = 0.3sh_c\dfrac{f'_c}{f_{yh}}\left(\dfrac{A_g}{A_c}-1\right)$。 式中：$h_c$——计算方向上约束核心混凝土的尺寸
钢筋的搭接和锚固	延性构件无接头区采用以下值的较大者：塑性铰长度和桥墩的弯矩需求超过 M_y 的部分。纵向钢筋、螺旋箍筋和圆形箍筋在"无接头区"内不允许有接头。"无接头区"外，延性构件的钢筋接头的设置应满足接头性能要求。 能力保护构件的钢筋拼接应满足正常使用阶段的要求。在钢筋应变接近屈服时，能力保护构件的拼接性能应该由"正常使用水平"提升到"极限承载水平"要求
桥墩纵向钢筋	纵向钢筋面积不得小于 0.01 倍水平毛截面面积，且不大于 0.08 倍。 墙式墩纵向钢筋面积与水平毛截面面积之比 $\rho_n \geqslant 0.0025$，且不低于水平钢筋面积与竖直截面面积之比 ρ_h
上部结构与墩柱的节点	墩柱超强时，节点可以传递地震作用。按最大节点剪力设计，螺旋筋进入盖梁，且 $\rho_s \geqslant 0.4 A_{st}/l_{ac}^2$。 式中：$A_{st}$——墩柱纵向锚固钢筋面积； 　　　l_{ac}——锚固长度，它是公称直径的 24 倍

5 桥　梁

（3）欧洲规范（EC8）（表 5-3）

表 5-3　混凝土结构延性设计

项　目	设计说明
等效塑性铰长度	设计塑性铰长度 L_h 专门用于塑性铰的配筋细节设计，不用于计算铰的转动。 （1）当轴压比 $\eta_k \leq 0.3$ 时，设计的塑性铰长度 L_h 采用以下值的较大值：与塑性铰轴向垂直截面的宽度；从最大弯矩到弯矩下降 20% 的作用点之间的距离。 （2）如果轴压比 $0.6 \geq \eta_k > 0.3$，设计潜在塑性铰的要增加 50% 长度。 经验公式：$$L_h = 0.08L + 0.022 D_s f_y$$或者$$L_h = (0.4 \sim 0.6)h$$式中：L_h——等效塑性铰长度； 　　　D_s、f_y——分别为纵向钢筋的直径（m）和屈服应力（MPa）； 　　　h——截面高度（m）
约束钢筋（机械钢筋）	塑性铰区轴压比大于 0.08 时，在受压区应设置约束钢筋。 配筋率：$$\omega_{wd} = \rho_w f_{yd} / f_{cd}$$式中：ρ_w——横向钢筋配筋率。 约束钢筋最小配筋率： 对于矩形箍筋：$$\omega_{wd,r} \geq 1.74 \frac{A_c}{A_{cc}} (0.009 \mu_c + 0.17) \eta_k - 0.07 \geq \omega_{w,min}$$式中：A_c——混凝土毛截面积； 　　　A_{cc}——核心混凝土面积； 　　　η_k——轴压比； 　　　μ_c——曲率延性需求。 延性结构中，μ_c 最小值为 13，$\omega_{w,min}$ 为 0.12；有限延性结构中，μ_c 最小值为 7，$\omega_{w,min}$ 为 0.08。 对于螺旋箍筋：$$\omega_{wd,c} = 1.4 \omega_{wd,r}$$约束钢筋的设置范围——塑性铰长度： 当轴压比 $\eta_k \leq 0.3$ 时，垂直于铰轴线方向的截面宽度和最大弯矩点与弯矩降低 20% 点之间的距离，两者取较大值。 当轴压比 $0.6 \geq \eta_k > 0.3$ 时，塑性铰区长度为上一种情况取值的 1.5 倍

续上表

项 目	设 计 说 明
墩柱截面为圆形时的横向钢筋	塑性铰区轴压比不大于0.08时,不设螺旋筋。螺旋筋体积配筋率由要求的曲率延性和轴压比决定。 核心混凝土的螺旋钢筋的体积配筋率计算: $$\rho_w = 4A_{sp}/D_{sp} \cdot s$$ 式中:A_{sp}——钢筋面积; D_{sp}——钢筋直径; s——钢筋间距,不大于6倍纵筋直径,并且不大于核心混凝土直径的1/5
墩柱截面为矩形时的横向钢筋	当轴压比<0.08,或当空心或箱形截面的曲率延性可达13且最大混凝土压应变小于0.35%时,不设箍筋。体积配箍率由要求的曲率延性和轴压比决定。 矩形截面横向钢筋配筋率: $$\rho_w = A_{sw}/s \cdot b$$ 式中:A_{sw}——考虑方向的箍筋和拉筋总面积; b——计算方向核心混凝土尺寸
墩柱钢筋的搭接和锚固	由于塑性铰区可能出现混凝土表层的脱落,箍筋末端应做成135°弯钩,且伸入到核心混凝土的深度不低于10倍箍筋直径。 对于潜在塑性铰区的螺旋钢筋接头必须采用机械接头或焊接。 在塑性铰区,纵向钢筋不应搭接
桥墩纵向钢筋	塑性铰区的受压纵筋应采取措施防止屈曲,因此,在纵筋外围设置箍筋或拉结筋的最大间距为纵筋直径的6倍,最小用量为: $$A_t/s = \sum A_s f_{ys}/1.6 f_{yt} \text{ (mm}^2/\text{m)}$$ 式中:A_t——单肢直径; s——肢间距; $\sum A_s$——纵筋总面积; f_{yt}, f_{ys}——分别为箍筋和纵筋屈服应力

(4) 日本规范(表5-4)

表5-4 混凝土结构抗震设计

项 目	设 计 说 明
等效塑性铰长度	$$L_p = 0.2h - 0.1D \text{ 且 } 0.1D \leqslant L_p \leqslant 0.5D$$ 式中:L_p——等效塑性铰长度; D——截面高度(m); h——墩底到惯性力作用点的距离(m)

5 桥　梁

续上表

项　　目	设　计　说　明
墩柱的螺旋筋	有分析方法，但无具体的配筋规定
墩柱的矩形箍筋	有分析方法，但无具体的配筋规定
墩柱的纵向钢筋	为了保证结构延性并提高极限承载能力，一般不允许在墩柱中部减少纵向钢筋。在高桥墩中（规范给出的是30m以上），在整个高度内均匀布置钢筋是不实际的，此时不可避免地要减少纵向钢筋，规范给出了公式计算减少纵筋的位置，并要求：减少纵筋的位置不能出现在4倍塑性铰长度范围内，减少量不能高于1/3，在规定范围内（1.5倍直径或短边长度）箍筋间距不低于15cm且均匀布置
钢筋的搭接和锚固	在4倍塑性铰长度的范围内，原则上，纵向钢筋不应有接头。原则上，箍筋围绕纵向钢筋布置，其末端设成弯钩并伸入到桥墩中，箍筋的拼接应该是交错分布的。弯钩形式不同，延伸长度不同，半圆形弯钩：8倍弯曲钢筋直径或12cm，锐角弯钩：10倍弯曲钢筋直径，直角弯钩：12倍弯曲钢筋直径。弯折的角度至少是箍筋直径的2.5倍，这里的箍筋直径指弯折之前的直径。 如果箍筋的搭接在矩形截面的拐角的其他部分，一般箍筋的搭接长度应大于40倍箍筋直径。圆形截面中，若采用搭接方式，搭接的长度至少是40倍箍筋直径。箍筋和拉筋的弯钩都应满足上述要求
墩的设计	将桥墩的破坏模式分为三类：弯曲破坏模式、剪切破坏模式以及由弯曲向剪切过渡的破坏模式。针对三种破坏模式给出了详细的设计方法

（5）加拿大规范（表5-5）

表 5-5　混凝土结构延性设计

项　　目	设　计　说　明
塑性铰区范围	取以下三项较大者：柱截面最大边尺寸；柱净高的1/6；450mm
墩柱的螺旋筋和圆形箍筋	螺旋筋的最小配筋率： $$\rho_s = 0.12 \frac{f'_c}{f_y}\left(0.5 + \frac{1.25 P_f}{\phi_c f'_c A_c}\right) \text{且} \left(0.5 + \frac{1.25 P_f}{\phi_c f'_c A_c}\right) \geqslant 1.0$$ 或 $$\rho_s = 0.45\left(\frac{A_g}{A_c} - 1\right)\frac{f'_c}{f_y}\left(0.5 + 1.25 \frac{P_f}{\phi_c f'_c A_g}\right)$$ 式中：f'_c——混凝土抗压强度； 　　　f_y——钢筋屈服强度； 　　　P_f——承载极限状态下截面轴力； 　　　ϕ_c——混凝土材料的抗力因子，$\phi_c = 0.75$； 　　　A_g——毛截面积； 　　　A_c——箍筋外表面之间核心混凝土面积

续上表

项　目	设　计　说　明
墩柱的矩形箍筋	矩形箍筋面积至少满足以下条件： $A_{sh} = 0.3s \cdot h_c \dfrac{f'_c}{f_y}\left(\dfrac{A_g}{A_c} - 1\right)$ 和 $0.12s \cdot h_c \dfrac{f'_c}{f_y}\left(0.5 + \dfrac{1.25P_f}{\phi_c f'_c A_g}\right)$，且 $\left(0.5 + \dfrac{1.25P_f}{\phi_c f'_c A_c}\right) \geqslant 1.0$ 式中：s——箍筋竖向间距； 　　　h_c——沿计算方向上核心混凝土截面尺寸
钢筋的搭接和锚固	纵向钢筋只允许出现的柱的中部，搭接长度至少为60倍的钢筋直径或400mm；横向钢筋在纵筋搭接处中心线间距离不应超过以下两者的较小值：0.25倍截面尺寸最小值和100mm。 横向钢筋中心线间的距离不得大于0.25倍构件截面最小尺寸或6倍纵筋直径或150mm。 椭圆形截面采用的互锁箍筋间距不大于0.75倍螺旋筋或环箍直径，重叠部分应至少设置4根钢筋。 螺旋钢筋中心线间的最大间距不能超过6倍纵筋直径或150mm，净距不低于25mm和1.33倍粗集料的最大尺寸
桥墩纵向钢筋	纵向钢筋面积不小于$0.01A_g$，且不大于$0.06A_g$；纵向钢筋中心线间的距离不超过200mm
上部结构与墩柱的节点	能力设计，或按照弹性分析结构进行分析

(6) 中国规范（表5-6、表5-7）

表5-6　混凝土结构抗震设计（中国大陆）

项　目	设　计　说　明
塑性铰区长度	塑性铰区长度为 max（b_{max}，$1/6h_c$，500mm），b_{max}是横截面最大尺寸，h_c为桥墩净高
柔性柱	规范给出了柔性墩地震作用的简化公式。在验算墩、台抗震稳定性时，须验算抗滑动稳定和抗倾覆稳定
墩柱箍筋用量及搭接锚固	位于8度或者8度以上地震区的桥梁，桥墩箍筋加密区段的螺旋箍筋间距不大于10cm，直径不小于8mm；对矩形箍筋，纵桥向和横桥向的体积配筋均不低于0.3%。螺旋箍筋接头必须焊接，矩形箍筋应采用135°弯钩，并伸入核心混凝土中

5 桥　　梁

中国台湾公路桥梁抗震设计规范中关于延性设计内容，主要参考了美国 AASHTO-92 的相关规定。为了能够采用弹性反应谱，在考虑延性设计时，需要采用地震力折减系数。

表 5-7　混凝土结构抗震设计（中国台湾）

项　目	设　计　说　明
桥墩抗剪钢筋	当设计最小轴力产生的平均压应力小于 $0.1f'_c$ 时，塑性铰区混凝土抵抗剪力的能力视为 0，断面的剪力全部由剪力钢筋承担
墩柱的螺旋筋	体积配箍率按以下两式计算，取较大者： $\rho_s = 0.45\left(\dfrac{A_g}{A_c}-1\right)\dfrac{f'_c}{f_{yh}}\left(0.5+1.25\dfrac{P_e}{f'_c A_g}\right)$；$\rho_s = 0.12\dfrac{f'_c}{f_{yh}}\left(0.5+1.25\dfrac{P_e}{f'_c A_g}\right)$ 且不得小于：$\rho_s = 0.45\left(\dfrac{A_g}{A_c}-1\right)\dfrac{f'_c}{f_{yh}}$ 式中：A_g——全截面积； A_c——混凝土核心面积； P_e——桥墩轴力； f'_c——混凝土抗压强度； f_{yh}——箍筋屈服强度
墩柱的矩形箍筋	矩形箍筋钢筋总面积取以下两式的较大值： $A_{sh}=0.30ah_c\dfrac{f'_c}{f_{yh}}\left(\dfrac{A_g}{A_c}-1\right)$；$A_{sh}=0.09ah_c\dfrac{f'_c}{f_{yh}}\left(0.5+1.25\dfrac{P_e}{f'_c A_g}\right)$ 式中：A_{sh}——沿某方向箍筋总面积； h_c——与该方向垂直箍筋所围的核心混凝土尺寸； a——箍筋间距
墩柱的纵向钢筋	纵筋总面积与截面面积之比不得小于 0.01，且不得大于 0.06。主筋在塑性铰区内，不能连接，即不能在柱底宽或柱高 1/6 内。其搭接长度不得小于 40cm，连接可以采用焊接或经认可的连接器。相邻两根主筋续接处距离至少 60cm
钢筋的搭接和锚固	横向约束钢筋应布置在可能发生塑性铰区内，其长度至少等于最大柱宽、柱净高的 1/6，或 45cm。约束钢筋应延伸至柱上端与下端的接头处。横向约束钢筋间距不得大于 15cm，也不得超过柱短边尺寸的 1/4。螺旋箍筋在其布置范围内不得搭接

5.6.5　相邻上部结构之间宜在桥台、桥墩等处设置适当的间隙，满足地震作用下的需要，并应满足正常使用条件下车辆运行和结构养护的要求。

对简支梁桥，在桥台和桥墩处应设置防落梁装置，以防止当结构体系伴随结构构件或地基的破坏而发生无法预测的破坏时，上部结构的跌落。典型的防落梁装置如图 5-16、图 5-17 所示，详细参数应进行非线性时程分析。

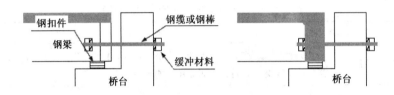

图 5-16　桥台处拉杆式防落梁构造

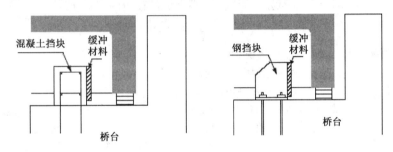

图 5-17　桥台处挡块式防落梁构造

5.6.6　装配式结构宜采取加强结构横向连接等提高结构整体性的构造措施。在伸缩缝处宜采取加大支撑距离、设置限位装置和连梁装置等防落梁措施。

纵向位移限制器具有防止简支跨落梁，减轻桥墩间不同向运动以减小相对位移及防止跨间碰撞的作用。根据连接方式分类，纵向位移限制器可以分为梁梁连接装置和梁与墩台连接装置。在我国的桥梁设计中，很少在伸缩缝间使用位移限制器，一般只是通过在梁间或梁与桥台间使用钢缆、钢棒、锚杆等防止上部结构的掉落。而在我国桥梁抗震规范中，也仅提出在梁梁间和梁与桥台胸墙间增加橡胶垫或其他弹性衬垫来实现防撞功能。

连梁装置构造如图 5-18 所示。

横向剪力键通常分为内部剪力键和外部剪力键两类。其中外部剪力键就相当于我国的挡块构件。由于内部剪力键不容易检查和修复，并且剪力键的刚度变化、剪力键与上部结构间缝隙尺寸的变化和桥梁倾斜角度的变化等条件都会导致内部剪力键承受不等的荷载。对于有不等刚度的中间桥墩的结构，横向剪力键的荷载不等的状况就会变得更加复杂。因此，一般很难精确确定内部剪力键的设计荷载。在 AASHTO 抗震指南中建议对于新建桥梁最好使用外部剪力键（挡块）。

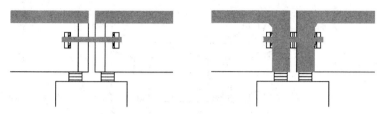

图 5-18　连梁装置构造示意图

挡块不仅可以对桥梁横向位移进行限制，同时还将桥梁上部结构的惯性力传入到下部结构和基础中，是荷载路径上非常重要的组成部分。当希望控制下部结构损伤时，还可将挡块作为牺牲构件进行设计。但在我国抗震规范中缺少明确的规定，在桥墩盖梁设计中往往并未将挡块作为重要的抗震设防构件进行必要的计算和设计配筋等，通常都是将其作为附属构件简单对待。挡块的设计处在仅凭经验的盲区。

从汶川地震中部分简支体系桥梁的震害现象来看，大量横向挡块出现了不同程度的损坏，甚至有个别桥梁在挡块损害失效后出现了过大的横向位移以致落梁。对于简支体系桥梁，在地震作用下横桥向震害主要分为以下三种情况：①挡块无损坏，墩柱损坏；②挡块有损坏，墩柱也损坏；③主梁出现横向落梁，墩柱损坏。而通常理想的情况下应该是挡块出现损坏的同时，墩柱也出现开裂或进入塑性工作阶段但不屈服，且不出现横向落梁。已有的研究成果表明，若挡块设置得过于"强大"，会大幅增加桥墩和挡块在地震作用下横桥向内力，而主梁和桥墩的变形却相对变化不大；若挡块设置得过于"薄弱"，虽能大幅减小桥墩和挡块在地震作用下的荷载，但主梁的变形却大幅增加，对于横向防落梁不利。因而，确定挡块刚度的基本原则应是在确保主梁不发生落梁的前提下，尽量减小桥墩内力。

由于目前对于挡块刚度还缺少详细的计算方法研究，因而对新建桥梁的横向挡块建议采用"多道设防、分级耗能"的设防理念。

在盖梁外侧设置双层挡块（图 5-19），内挡块较弱，外挡块较强。内挡块作为第一道防线首先破坏,消耗一部分地震输入能量,向外侧倒塌后,形成粗糙滑动面,在主梁滑动时继续消耗能量;外挡块作为最后一道防线,确保预期大震作用下主梁不发生落梁现象。

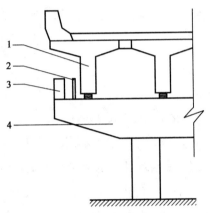

图 5-19 双层挡块示意图(外侧)
1-主梁;2-内层挡块;3-外层挡块;4-盖梁

在桥梁横轴上沿盖梁设置多个挡块,各挡块与主梁之间的距离不同,地震作用下,挡块逐个或逐批被剪坏,逐步消耗地震输入能量。对 T 梁结构,可在 T 梁两侧设置横向挡块;对箱梁结构,可在箱梁横隔板处挖槽形成撞击坑,横向挡块伸入坑内。

5.6.7 设计基本地震动峰值加速度大于或等于 0.10g 的地区,不应采用独柱式结构。双柱式或多柱式桥墩应加强横向连接,保证桥墩的延性。

桥墩中间的横梁设置,横梁刚度不宜过大,避免导致"强梁弱柱效应"的出现,造成结构的第一塑性铰出现在墩柱之上,而不是横梁上,致使结构失效。对于现浇连续(弯)箱梁桥,双柱式墩常不设盖梁,墩柱直接支撑梁体。该结构为抗震不利结构,要求墩柱顶部设横系梁连接,梁体与墩柱间需设锚固钢筋,地面附近需设置地系梁。对于高墩,中间需根据墩高情况设置多道横系梁。系梁的刚度、数量以及位置对结构地震响应影响较大,需经地震力计算分析和优化确定。

5.6.8 简支梁桥应合理确定简支梁梁端至墩、台帽或盖梁边缘的距离,并采取必要的措施,防止落梁。

5 桥 梁

简支梁梁端至墩、台帽或盖梁边缘应有一定的距离（图5-20）。其最小值 a（cm）仍按照场地条件，选择合适的地震动加速度时程分析得到。目前，国内对这一方面研究相对不足，应进一步研究，考虑场地、地震动水平和墩高等因素的影响。吊梁与悬臂的搭接长度 L 如图5-21所示。

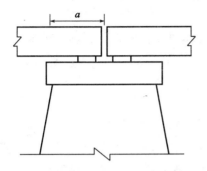

图5-20 梁端至墩、台帽或盖梁边缘的最小距离 a

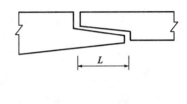

图5-21 吊梁与悬臂的搭接长度 L

5.6.9 设防烈度为7度的桥梁，还应采取下列措施：

1 应适当加强桥台背墙，并宜在梁与梁之间和梁与桥台背墙之间加装橡胶垫或其他弹性衬垫。

2 桥面不连续的简支梁（板）桥，宜采取设置挡块、螺栓连接和钢夹板连接等防止纵向落梁的措施。

3 连续梁和桥面连续的简支梁（板）桥，应采取防止横向产生较大位移的措施。

4 软弱黏性土层、液化土层和不稳定的河岸处，大中桥可采取适当增加桥长、合理布置桥孔等措施，使墩台避开地震时可能发生滑动的岸坡或地形突变的不稳定地段；也可采取加大基础埋置深度等措施。

5 小桥宜采取在两桥台基础之间设置支撑梁或采用浆砌片（块）石满铺河床等措施。

5.6.10 设防烈度为8度的桥梁，还应采取下列措施：

1 应采用合理的限制位移装置，控制结构相邻构件之间的相对位移。

2 连续梁桥宜采取措施，使上部构造所产生的水平地震作用能由各个墩、台共同承担。桥台宜采用整体性强的结构形式。

3 连续曲梁的边墩和上部结构之间应采取措施防止边墩与梁脱离。

4 混凝土墩（台）的墩（台）帽与墩（台）身连接处、墩（台）身与基础连接处、截面突变处应采取提高抗剪能力的措施。

5 混凝土墩、台和拱圈的最低砂浆强度等级或混凝土强度等级，应按要求提高一级采用。

6 桥梁下部为钢筋混凝土结构时，其混凝土强度等级不应低于C25。

7 基础宜置于基岩或坚硬土层上，底面宜采用平面形式。基岩上的基础，在满足抗震要求的前提下，也可采取阶梯形式。

5.6.11 设防烈度为9度的桥梁，还应采取下列措施：

1 应加强梁桥各片梁间的横向连接，保证上部结构的整体性。当采用桁架体系时，应采取结构措施，保证其横向稳定性。

2 梁桥活动支座应采取限制其竖向位移的措施。

3 混凝土或钢筋混凝土无铰拱，宜在拱脚的上、下缘配置或增加适当的钢筋，钢筋伸入墩（台）拱座内的长度不应小于钢筋锚固长度。

4 拱桥墩、台上的拱座，混凝土强度等级不应低于C25，并应配置钢筋。

5 桥梁墩、台采用多排桩基础时，宜设置部分斜桩。

6 隧道

6.1 一般规定

6.1.1 隧道宜设置于抗震有利地段。

隧道建设条件直接影响工程的造价，甚至决定工程的成败，因此，选择合适的隧道位置显得极为重要。隧道位置应选择在稳定的地层中，当公路沿线地质条件差时，应以特长隧道的位置控制整体路线的走向，尽量避免穿越工程地质和水文地质极为复杂以及严重不良之地质地段，必要时，可采取一些可靠的工程措施。

6.1.2 隧道洞口不应设在岩堆、滑坡体、泥石流沟、崩塌、围岩落石等不良地质及排水困难的沟谷低洼处或不稳定的悬崖陡壁下。

选择隧道位置时，应认真开展隧址处的地形、地质调查，特别注意活动性断层的调查，通过调查和勘探，确定断层的具体位置、连续性和活动性。隧道设计应遵循"早进晚出"的原则，合理选定洞口位置，避免在洞口形成高边坡或高仰坡。

遇有不稳定的悬崖陡壁，应优先考虑隧道通过方案。

在地震区选择隧道位置，尤其是洞口位置，对行车安全、维修养护工作都十分重要，应尽量避开对抗震不利的地形、地质地段，并采取必要的抗震措施，以减少对隧道建筑物的破坏。由于地震的破坏性自地表深入地下而迅速减弱，故一般对深埋隧道影响较小，对浅埋隧道、偏压隧道、明洞及洞门等的影响较大。尤其是在岩堆、滑坡体、泥石流沟、崩塌、围岩落石等不良地质及排水困难的沟谷低洼处或不稳定的悬崖陡壁下等地质不良地段，在强烈的地震影响下，会导致山体变形。因此，隧道位置的选择不仅受地质条件的影响，而且受地形条件的影响。根据地形条件又可分为河谷线隧道和越岭线隧道。

河谷线隧道往往沿河傍山而行，若隧道位置太靠外，造成隧道傍山浅埋、洞顶覆土过薄，极易造成山体变形，引起偏压，危及隧道安全；若隧道位置太靠里，则隧道加长，造成浪费。因此，河谷隧道的位置，应根据地形、地质及隧道外侧的覆盖土层厚度，合理选择。

越岭隧道按其高程位置不同，可分为高位置隧道（即山顶隧道）和低位置隧道（即山麓隧道）两种。当隧道位置较低时，隧道长度大，工期亦较长，但展线短，线路爬坡高度小，运营条件好，也有利于抗震；当隧道位置较高时，路线爬坡高度大，运营条件差，虽然隧道长度缩短，但给洞口建筑带来许多困难，往往后患不少，对抗震不利。

对可能因地震造成公路交通严重中断的地段，应建议相应的处置预案，以保证生命线工程的及时修复或畅通。

6.1.3 应根据公路等级、地震烈度、地形地质情况，合理选择隧道形式。悬臂式棚洞不宜用于设计基本地震动峰值加速度大于 0.20g 的地区。

公路穿山隧道按施工方法一般大致可分钻爆法（矿山法）隧道、盾构法隧道、明挖隧道等几种，个别还有使用掘进机施工的。隧道结构形式的选择依赖于公路的等级、隧址处的地震烈度和地形地质情况。

钻爆法是隧道工程中通过钻眼、爆破、出渣而形成结构空间的一种开挖方法，是目前修建山岭隧道最通行、成熟的隧道施工方法。钻爆法使用范围较广，可以适用于多种地质条件和地下水条件，也可以灵活开挖各种形式的断面或变化的断面，相对经济实惠。盾构隧道是隧道在盾构支护下进行地下工程暗挖施工，可以修建山岭隧道，也可以修建水下隧道，不受地面交通、河道、航运、潮汐、季节、气候等条件的影响，能较经济合理地保证隧道安全施工。同时，盾构的推进、出土、衬砌拼装等可实行自动化、智能化和施工远程控制信息化，掘进速度较快，施工劳动强度较低，但盾构机械造价较昂贵，隧道的衬砌、运输、拼装、机械安装等工艺较复杂，需要设备制造、气压设备供应、衬砌管片预制、衬砌结构防水及堵漏、施工测量、场地布置、盾构转移等施工技术的配合，系统工程协调难，大直径的盾构还受到很多制造、技术的制约。明挖法就是先将隧道部位的岩（土）体全部挖除，然后修建洞身、洞门，再进行回填的施工方法。明挖法具有施工简单、快捷、经济、安全的优点，主要技术难点在于对基坑周围原状的保护，防止地表沉降，减少对既有建筑物的影响。

抗震规范对沉管隧道的抗震性能及其技术未做专门研究，暂时不作具体规定。

对设计基本地震动峰值加速度大于 0.20g 的地区，抗震要求较高，而悬臂式棚洞结构的抗震性能稍差，尽量少采用。

6.2 强度和稳定性验算

6.2.1 隧道应按表 6.2.1 的规定验算其抗震强度和稳定性。

表 6.2.1 隧道抗震强度和稳定性验算范围

工程项目		设计基本地震动峰值加速度			
		高速公路、一级公路、二级公路		三级公路、四级公路	
		≤0.15g	>0.15g	≤0.15g	>0.15g
洞门墙及洞口挡土墙		不验算	验算	不验算	验算
洞口浅埋和偏压地段隧道衬砌	单车道Ⅳ～Ⅵ级围岩	—	—	不验算	验算
	双车道Ⅴ～Ⅵ级围岩	验算	验算	验算	验算
	双车道Ⅲ～Ⅳ级围岩	不验算	验算	不验算	验算
	三车道Ⅲ～Ⅳ级围岩	验算	验算	—	—
明洞	单车道	不验算	—	不验算	验算
	双车道	验算	验算	验算	验算

注：围岩分级应按现行《公路隧道设计规范》(JTG D70) 的规定执行。

本条基本沿用原规范的规定，只是将围岩分级按现行《公路隧道设计规范》(JTG D70) 做相应处置。

公路隧道抗震验算，主要根据宏观震害调查和隧道工程类别，参照公路等级和设计经验区别确定，并把重点放在设计基本地震动峰值加速度大于 0.15g 的地震区的隧道验算。

调查资料表明，地震对地下结构的破坏，随隧道埋深的增加而减轻。深埋隧道衬砌，其震害主要发生在洞口、浅埋和偏压地段。对于抗震设防要求高的、地震危险性高的地震区双车道隧道，围岩为Ⅳ、Ⅴ类者，考虑到隧道跨径大、净空高的特点，提高相应的要求，需要进行抗震验算。隧道洞门墙、洞口挡土墙与路堤挡土墙，都属于结构支挡建筑物，与一般非地震区受力状态和计算方法基本一致。

6.2.2 隧道的地震作用可按静力法计算。验算隧道的结构抗震强度和稳定性时，地震作用应与结构重力和土的重力组合。

对隧道地震作用力的计算，目前根据隧道特点大体上可分为动力法和静力法两种。静力法计算简便，易于掌握对比，公路隧道的抗震计算结果与一般宏观震害调查情况也较接近，且其抗震加强措施与非震区隧道衬砌比较亦基本一致。

随着计算技术的发展，动力法进行隧道结构抗震分析的技术也日趋成熟，目前常用的方法有修正静力法、反应位移法、反应加速度法和时程分析法等。同时，隧道原则上属于线性结构，横向水平地震作用下的地震响应可按平面应变问题进行计算与分析。地质条件及结构形式相对简单的隧道结构的横向抗震分析可以采用修正静力法、反应位移法和反应加速度法；周围地层均匀、断面形状标准、规则且无突变的隧道结构的纵向抗震分析可以采用纵向反应位移法；当隧道穿越发震断裂带时，需要考虑地层和衬砌结构的相互作用，此时应采用时程分析法进行分析。对于结构形式变化比较大的区域、洞口段、浅埋段或地层条件明显变化的区域或特殊地质条件的地段，可考虑按空间结构进行地震响应的分析。

隧道结构的强度和稳定性验算可仅考虑地震作用与结构重力和土的重力组合的偶然作用组合。隧道洞门结构的抗震验算一般需要按照对应的标准规范分别对洞门墙身的强度、偏心距、基底应力、抗滑和抗倾覆稳定性进行验算，并符合相应规范的要求。

目前也有个别规范或一些研究，针对一些具体结构形式的隧道结构进行变形性能验算，但前提是其需要明确相应的评判指标及具体的指标值。

6.2.3 地基抗震容许承载力调整系数，应按本规范第4.2.2条的规定取值。

地震作用属于瞬时作用的偶然作用，经研究，构筑物在地震作用参与的偶然作用组合的作用下，可靠性指标或安全性指标可以适当降低。抗震规范规定的隧道地基土的抗震容许承载力，继续按式（4.2.2）规定的要求进行验算，其容许承载力乘以土的抗震提高系数。抗震规范中的提高系数是根据各类土的密实程度，并考虑到由于地震荷载引起的附加荷载与经常承受的荷载相比，地震荷载占的比例较大，且往往超过了容许承载力安全储备，而使基础产生附加沉降和不均匀沉降；同时，由于附加荷载过大，致使基础发生剪切失稳破坏，因此，考虑到

6 隧 道

地震荷载属于特殊荷载,作用时间短暂,基底土的容许承载力可予以提高。

6.3 抗震措施

6.3.1 隧道洞口应采取控制路堑边坡和仰坡的开挖高度等措施防止坍塌震害;位于悬崖陡壁下的洞口,宜采取设置明洞等措施防止落石的危害。

地震区隧道洞口位置的选择需要结合洞口段的地形和地质条件而定,采取措施控制隧道洞口、路堑边坡和仰坡的开挖高度,防止发生崩塌和滑坡等震害。在岩层整体性较差、土质不良地段,由于长期风化剥蚀作用,在地震过程中极易产生坍塌落石,堵塞洞口,危及行车安全。位于悬崖陡壁下的洞口,优先选用明洞式洞门;当地质地形条件不利时,也可采用翼墙式洞门,并采取一些恰当的防震措施。明洞基础首先应尽量设置在稳定的地基上。明洞的衬砌可采用钢筋混凝土结构,隧道的纵向设置必要的抗震缝,隧道洞门端墙、边墙、挡土墙背后的空隙应采用砂浆片石或素混凝土回填密实,完善相应的排水设施。当洞口地形较陡并存在落石可能时,宜适当增加明洞洞顶回填土的厚度,以减轻落石对明洞结构的冲击作用。

6.3.2 洞门建筑材料不应低于表 6.3.2 的要求。

表 6.3.2 洞门建筑材料

工程部位		设计基本地震动峰值加速度	
		0.20g(0.30g)	≥0.40g
洞门端墙	单车道	不低于 M10 浆砌片石	片石混凝土或混凝土
	双车道	片石混凝土	混凝土
	三车道及以上	混凝土	混凝土
洞口挡土墙或翼墙	H≤10m	不低于 M10 浆砌片石	
	H>10m	片石混凝土或混凝土	

注:H 为挡土墙或翼墙的高度。

本条规定沿用原规范的规定。

抗震规范的规定是基本要求,当经济条件许可时,应该采用力学性能指标、耐久性更好的材料。当然，材料的选用应该按照相应的国家标准或行业标准进行检测评估，以确保材料的性能要求高于隧道主体结构的性能要求。

6.3.3 设计基本地震动峰值加速度大于或等于0.10g的地区，隧道洞口浅埋和偏压地段应采取抗震措施，并宜采用带仰拱的曲墙式衬砌。设防长度应根据地形、地质条件，按下列规定确定：

1 设计基本地震动峰值加速度大于或等于0.10g的地区、洞口为Ⅴ～Ⅵ级围岩的双车道隧道和设计基本地震动峰值加速度大于或等于0.20g的地区、洞口为Ⅲ～Ⅵ级围岩的双车道隧道，设防长度不宜小于25m。

2 设计基本地震动峰值加速度大于或等于0.20g的地区、洞口为Ⅳ～Ⅵ级围岩的单车道隧道，设防长度不宜小于15m。

本条规定基本沿用原规范的规定。

地震区隧道的洞口、浅埋或偏压地段，是抗震设防重点，需要与围岩类别结合考虑加强其衬砌构造。

隧道加强段的长度，主要根据隧道拱肩土的最小覆盖厚度及洞口地面纵坡（1∶1.5～1∶1.25）的变化情况，并结合隧道断面宽度及围岩类别等计算其抗震设防段的长度。在实际工作中，隧道处的地形、地质条件变化十分复杂，还要根据施工具体情况，适当留有余地，取其设防长度。目前的规定值应用多年，没有反映存在明显的不合理处，故沿用。

实践证明，隧道衬砌的构造形式采用曲墙带仰拱现浇混凝土衬砌，抗震能力较强，如采用直墙式断面，则一般不能满足抗震要求。

6.3.4 抗震设防地段隧道衬砌和明洞的建筑材料，不应低于表6.3.4的要求。设计基本地震动峰值加速度小于0.10g地区的单压拱形明洞外边墙、棚式明洞衡重式边墙可采用M10浆砌片石。

表6.3.4 隧道衬砌和明洞建筑材料

工程项目	围岩或结构类别	材料种类
隧道衬砌	Ⅴ～Ⅵ	钢筋混凝土
	Ⅳ	混凝土或钢筋混凝土
	Ⅲ	混凝土

6 隧 道

续上表

工程项目	围岩或结构类别	材料种类
拱形明洞	Ⅳ～Ⅵ级围岩段拱圈	拱圈用钢筋混凝土
	Ⅲ级及以上围岩段拱圈	拱圈用混凝土或钢筋混凝土
	单压明洞外边墙	混凝土或钢筋混凝土
棚式明洞	顶梁	钢筋混凝土
	外支承结构	混凝土或钢筋混凝土
	内侧锚杆式边墙	混凝土
	衡重式边墙	混凝土

国内发生的数次震害的调查表明，采用现浇混凝土或钢筋混凝土，可提高结构的整体性和抗震能力。从浅埋隧道理论分析，在Ⅴ类围岩中的隧道，即使提高混凝土强度等级，有关指标也难以符合抗震要求，采用钢筋混凝土结构才能达到要求。而在Ⅳ类及以上围岩的隧道，一般采用混凝土衬砌已能抵御地震力的破坏。表6.3.4对隧道衬砌和明洞建筑材料的规定，是根据结构自身的特点，在满足受力要求的前提下，考虑经济适用的原则确定的。

目前在一些隧道工程中，也有使用抗震钢筋、钢纤维混凝土、泡沫混凝土以及橡胶等材料的，钢纤维也可以用聚丙乙烯等工程纤维代替。具体应用时，应根据隧道所处地区的地震烈度、隧道地质、地形条件等因素，综合考虑。

6.3.5 设计基本地震动峰值加速度大于或等于0.20g的地区，隧道洞门端墙与衬砌环框间、端墙与洞口挡土墙或翼墙间的施工接缝处，应采取加设短钢筋或设置榫头等抗震连接措施。

结构的整体性对抗震能力有很重要的影响，对于抗震薄弱环节，要求采取加强连接措施。由于结构的形式、部位及所用建筑材料不同，具体措施可在施工图中做出明确规定。

首先，当洞门墙较长或地基条件有明显变化时，应当设置一定数量的抗震缝；其次，洞门与翼墙、挡土墙及洞口衬砌应连续施工以形成整体；再者，隧道洞门端墙与衬砌环框间、端墙与洞口挡土墙或翼墙间的施工接缝处，应采取加设短钢筋或设置榫头等抗震连接措施。

除了洞口，对洞身结构及其衬砌也应该有相应的要求。明洞衬砌结构应采用钢筋混凝土结构，并沿隧道纵向设置抗震缝。隧道的初期支护和围岩地层间应紧密接触，复合衬砌的二次支护背后应回填密实。超挖部分应采取措施予以回填，并保证其抗震稳定性。

6.3.6 棚式明洞应按本规范第5章规定，采取防止落梁的措施。

棚式明洞的简支顶梁与侧墙（或纵梁）的联结处，是结构的薄弱环节，在地震力作用下，有可能产生落梁震害，中断交通。为了提高棚洞的抗震能力，要求加设防震钢筋、防震板或阻挡结构等抗震措施，少用悬臂式棚洞。

当棚洞采用预制T形顶梁或H形梁结构时，应采用与梁翼等宽的垂榫嵌固于内边墙的钢筋混凝土顶帽凹槽内；如为就地现浇的顶梁，应用钢筋与边墙顶帽做柔性连接。

6.3.7 浅埋、偏压以及位于断裂破碎带等地质不良地段的隧道段落，除设置系统锚杆外，还宜在衬砌背后一定范围内压注水泥砂浆。

提高不良地质地段隧道的抗震能力，一是加强自身结构的整体性能；二是采用隧道压浆加固地层，并使衬砌与围岩密贴，改善相互间接触条件及受震时的振动状态；三是采取措施合理处置表层和隧道接触地层的抗震性能。因此，地震区的浅埋、偏压隧道，以及通过断层破碎带、流沙等不良地质地段的隧道，要求压入水泥砂浆加固。

6.3.8 隧道建筑范围内有发震断裂时，应考虑发震断裂错动对隧道的影响。设计基本地震动峰值加速度大于或等于 0.20g 和 0.40g 的地区，当必须修建隧道时，隧道边缘距离主断裂边缘的距离应分别大于 300m 和 500m。

隧道应尽量避开发震断裂。当无法避开时，隧道的纵向轴线不宜近距离平行于主断裂，隧道应在断裂带较窄处穿越断裂带。对于活动性强或设计基本地震动峰值加速度大于或等于 0.20g 和 0.40g 的地区断裂带，应对断裂带的发震烈度和错动速率等进行适当的专题论证，在隧道设计中采取相应的应对措施，将隧道布置在断裂带的下盘。

长大公路隧道工程，避开主断裂距离为隧道边缘至主断裂带边缘分别为

6 隧 道

300m 和 500m，主要的依据是国内外地震断裂破裂宽度的资料分析得出的概念性数据。在受各种客观条件限制，难以避开数百米时，美国加利福尼亚州的相关规定（加利福尼亚州管理规范 Title 14，见 3603A）可供参考：一般而言，场地的避让距离应由负责场地勘察的岩土工程师与主管建筑和规划的专业人员协商确定。在有足够的地质资料可以精确地确定存在活断层迹线的地区，且该地区并不复杂时，避让距离可规定为 50ft（约 16m）；在复杂的断层带宜要求较大的避让距离。倾滑的断层，通常会在较宽且不规则的断层带内产生多处破裂，在上盘边缘受到的影响大、下盘边缘的扰动很小，避让距离在下盘边缘可稍小，上盘边缘则应较大。某些断层带可包含如挤压脊和凹陷之类的巨大变形，不能揭露清晰的断层面或剪切破碎带，应由有资质的工程师和地质师专门研究，如保证建筑基础能抗御可能的地面变形，可修建不重要的结构。

7 挡土墙

7.1 一般规定

7.1.1 设计基本地震动峰值加速度大于或等于0.20g的地区不宜采用加筋土挡土墙。

加筋土挡土墙是填土、拉筋、面板三者组成的结合体，在这个结构整体中起控制作用的是土体与拉筋间的摩擦力（摩擦系数），一旦由于外界因素使土体与拉筋间的摩擦力（摩擦系数）发生改变，填土、拉筋、面板三者的平衡体将变为不平衡体，加筋土挡土墙即破坏。在地震时，特别是在高烈度区，在竖向和水平地震动加速度影响下，土体与拉筋由静力状态变为动力（振动）状态，土体与拉筋间的摩擦力（摩擦系数）随振动影响而相应改变，一旦摩擦力减小（如竖向地震作用），三者将失去平衡而造成破坏。为此，在未做重点研究的前提下，在地震动峰值加速度大于或等于0.20g的地区，不宜采用加筋土挡土墙。

7.1.2 挡土墙范围内有发震断裂，且按本规范第3.6.11条判定，需考虑发震断裂的错动对挡土墙的影响时，应优先采取避开措施。

地震是自然现象，需要在发震断裂带内设置挡土墙时，应采取必要的加强措施，当然，如能避开则是最佳的。

7.1.3 高速公路和一级公路上的挡土墙距离主断裂边缘不宜小于100m；无法满足时，应采取降低挡土墙高度、采用整体浇筑的重力式混凝土挡土墙、设置合理有效的伸缩缝和沉降缝等措施，并应设置完善的排水系统。

7.2 强度和稳定性验算

7.2.1 挡土墙应按表7.2.1规定的范围和要求验算其抗震强度和稳定性。

7 挡 土 墙

表 7.2.1 挡土墙抗震强度和稳定性验算范围

地基类型		设计基本地震动峰值加速度				
		高速公路、一级公路、二级公路			三级公路、四级公路	
		0.10g (0.15g)	0.20g (0.30g)	0.40g	<0.40g	0.40g
岩石、非液化土及非软土地基	非浸水	不验算	H>4验算	验算	不验算	验算
	浸水	不验算	验算	验算	不验算	验算
液化土及软土地基		验算	验算	验算	不验算	验算

注：H 为挡土墙墙趾至墙顶的高度（m）。

本条对挡土墙验算做出了规定，抗震验算包括抗震强度和稳定性验算两部分，基本沿用原规范的规定。强度验算采用分项安全系数的极限状态法。稳定性验算又包括抗滑移稳定性和抗倾覆稳定性验算两项内容，前者指在地震作用下挡土墙是否会沿基底面产生整体滑动，后者指挡土墙是否会向一侧倾倒（横剖面上绕基底某一点转动）。

7.2.2 公路挡土墙可采用静力法验算挡土墙体抗震强度和稳定性。设计基本地震动峰值加速度大于或等于 0.10g 地区的高速公路、一级公路上的挡土墙，高度超过 20m，且地基处于抗震危险地段的，应作专门研究。

本条规定挡土墙强度和稳定性验算采用静力法，是鉴于地震作用下挡土墙与填土、地基间的动力相互作用相当复杂，目前还没有一个公认成熟的动力计算方法这样一个实际状况决定的，国内外的多数抗震设计规范中均采用静力法。

对于抗震设防烈度为 7 度及以上地区的高速、一级公路上的挡土墙，其高度超过 20m，且地基处于抗震危险地段的，应结合岩土稳定性评价对挡土墙进行动力分析，综合判断其抗震安全性。"应结合岩土稳定性评价"，是指要考虑挡土墙没有发生相对地基的滑移或倾覆，却随更大范围的土体产生明显运动失去稳定性的问题。震害经验表明，在有地基土层液化的情况下，常有可能导致这种破坏。抗震验算中，还要考虑沿液化土层产生滑移、因液化土层沉降挡土墙产生倾覆的危险性。由于动力分析不一定能完全描述地震作用下的真实过程，才强调了需要

"综合判断"。此处提到的挡土墙动力分析有限元法是指考虑挡土墙—填土—地基动力相互作用的有限元分析方法。

7.2.3 按静力法验算时,挡土墙第 i 截面以上墙身重心处的水平地震作用可按式(7.2.3-1)、式(7.2.3-2)计算:

$$E_{ih} = C_i C_z A_h \psi_i G_i / g \qquad (7.2.3\text{-}1)$$

式中:E_{ih}——第 i 截面以上墙身重心处的水平地震作用(kN);

C_i——抗震重要性修正系数,应按表3.2.2采用;

C_z——综合影响系数,重力式挡土墙取0.25,轻型挡土墙取0.3;

A_h——水平向设计基本地震动峰值加速度;

G_i——第 i 截面以上墙身圬工的重力(kN);

ψ_i——水平地震作用沿墙高的分布系数,按式(7.2.3-2)计算取值;

$$\psi_i = \begin{cases} \dfrac{1}{3}\dfrac{h_i}{H} + 1.0 & -0 \leqslant h_i \leqslant 0.6H \\ \dfrac{3}{2}\dfrac{h_i}{H} + 0.3 & 0.6H < h_i \leqslant H \end{cases} \qquad (7.2.3\text{-}2)$$

h_i——挡土墙墙趾至第 i 截面的高度。

本条规定的水平地震作用沿墙高的分布系数 ψ_i 是此次规范修编中一个专题研究的结果。原规范规定的分布系数 ψ_i 是基于国内外挡土墙和土坝的震害经验和少量试验确定的。

为了解各种高度挡土墙的水平地震荷载沿墙高的分布系数,采用波动有限元结合多次透射人工边界条件,计算了6个不同高度(7、9、12、15、20、25m)挡土墙—填土—地基体系在18条地震波(分别对应地震烈度6、7、8、9度)输入下的地震反应,用等效线性化方法描述土体的非线性。计算结果显示,挡土墙地震反应加速度峰值沿高度分布比较复杂,归纳出总的变化趋势是:从挡土墙底部开始,加速度峰值并不马上随高度的增加而增大,直至高度达到挡墙总高度的1/2~2/3处才开始比较迅速地增加,至顶部达到最大值,约为底部的1.2~2.0倍。在详细分析挡土墙沿墙高分布系数曲线的两个关键特征——平均值和最大值的基础上,以计算得到的108条沿墙高分布曲线为基础,进一步从风险统计的角度选定了水平地震荷载沿墙高分布系数的方案。从结果看，所选定的沿墙高分布系数刚好在平均值的最大值和最大值的平均值之间。风险分析表明，据此拟定的水平地震荷载沿墙高分布系数表达式有90%不超过的安全保障。

7.2.4 位于斜坡上的挡土墙，作用于其重心处的水平向总地震作用可按式(7.2.4-1)、式(7.2.4-2)计算：

岩基　　　　　$E_h = 0.30 C_i A_h W / g$ 　　　　　(7.2.4-1)

土基　　　　　$E_h = 0.35 C_i A_h W / g$ 　　　　　(7.2.4-2)

式中：E_h——作用于挡土墙重心处的水平向总地震作用（kN）；

　　　W——挡土墙的总重力（kN）。

本条主要考虑局部地形条件影响，从国内几次大地震的宏观调查资料来看，岩质地形与非岩质地形不同。在云南通海地震的大量宏观调查中，对于岩石地基的高度仅数十米的条状突出的山脊和高耸孤立的山岳，由于鞭鞘效应明显，振动有所加大，烈度有增高趋势。其总的趋势如下：①高突地形距离基准面的高度愈大，高处的反应愈强烈；②离陡坎和边坡顶部边缘的距离愈大，反应相对减弱；③从岩石土质构成方面来看，同样的地形，土质结构的反应比岩质结构大；④高突地形顶面愈开阔，远离边缘中心部位的反应明显减弱；⑤边缘愈陡，其顶部的放大效应相应增强。

7.2.5 路肩挡土墙的地震主动土压力可按式(7.2.5-1)、式(7.2.5-2)计算，其他挡土墙地震主动土压力可按附录A规定计算。

$$E_{ea} = \frac{1}{2} \gamma H^2 K_a (1 + 0.75 C_i K_h \tan\varphi)$$ 　　　(7.2.5-1)

式中：E_{ea}——地震时作用于挡土墙背每延米长度上的主动土压力（kN/m），其作用点为距挡土墙底$0.4H$处；

　　　γ——土的重度（kN/m³）；

　　　H——挡土墙高度（m）；

　　　K_a——非地震作用下作用于挡土墙背的主动土压力系数，可按下式计算；

$$K_a = \cos^2\varphi / (1 + \sin\varphi)^2$$ 　　　(7.2.5-2)

　　　φ——挡土墙背土的内摩擦角（°）。

在原规范中,地震土压力的计算是依据1924年日本学者物部—冈部的计算式(简称M-O公式)简化规定的。M-O公式是在填土无黏性的假定下推导得出的,工程实践中,挡墙填土往往会有一定黏聚性。本次专题研究,参照经典广义库仑土压力理论的推导,极限平衡中考虑了滑楔体的重力、滑裂面上的黏聚力、墙与土体接触面上的黏着力、滑裂面上的反力和挡土墙的反作用力及滑裂楔体上的均布荷载等,采用与M-O公式推导相同的思路,将挡土墙和挡土墙背面填土体逆时针旋转(在推导地震被动土压力时顺时针旋转)一个角度(抗震规范中称为地震角)整理,推导了黏性填土地震主动土压力和被动土压力的计算表达式。这两个计算公式统一了砂性土与黏性土地震土压力的计算公式,比M-O公式更一般。在 $c=k=0$ 时,即无黏性填土,蜕变为常用M-O公式;若不考虑地震作用,取 $\theta=0$,即为著名的库仑土压力公式;取 $\alpha=\beta=\delta=0$、$k=0$ 时,为朗肯公式。从推导得出的公式可以看出,考虑土的黏性,地震主动土压力比M-O公式计算的要小些,地震被动土压力比M-O公式计算的要大些。

简化后公式的形式与现行《水运工程抗震设计规范》(JTS 146)采用的黏性土地震土压力的计算式是一致的。

工程实践中,工况可能复杂多变,应用时要灵活处理。

(1)地震土压力作用点的位置,在 $q=0$ 时,可取在距墙底 $H/3$ 处;$q\neq 0$ 时,H 要再加上 q 折算的填土高度。

(2)墙后填土成层的地震土压力计算。

墙后填土由多层、水平成层的不同种类的土组成时,第一层土的地震土压力仍可按上述均质土层计算;计算第二层土的地震土压力时,可将第一层土的重量作为超载作用在第二层土的顶面,并按第二层土的指标参数计算地震土压力,但仅用于第二层土的范围内。依此类推,即可求出多层填土的土压力。

①地震主动土压力[图7-1a],按下列公式计算。

a. 作用在挡墙墙背第 n 层土的总主动土压力标准值

$$E_{aspn} = \frac{1}{2}(e_{aspn1} + e_{aspn2})\frac{h_n}{\cos\alpha}$$

b. 作用在挡墙背第 n 层土顶面处的单位面积上的主动土压力标准值

7 挡 土 墙

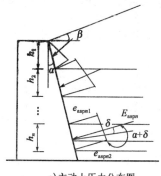 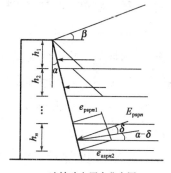

a) 主动土压力分布图　　　　　b) 被动土压力分布图

图 7-1　土压力分布图

$$e_{\text{asp}n1} = K_{\text{asp}n}\sum_{i=0}^{n-1}\gamma_i h_i\cos\alpha - 2c_n K_{\text{ac}n}\cos\alpha$$

c. 作用在挡墙墙背第 n 层土底面处的单位面积上的主动土压力标准值

$$e_{\text{asp}n2} = K_{\text{asp}n}\sum_{i=0}^{n}\gamma_i h_i\cos\alpha - 2c_n K_{\text{ac}n}\cos\alpha$$

上两式中的系数 $K_{\text{asp}n}$ 按下式计算：

$$K_{\text{asp}n} = \frac{\cos^2(\varphi_n - \alpha - \theta)}{\cos\theta\cos^2\alpha\cos(\delta_n + \theta + \alpha)\left[1 + \sqrt{\dfrac{\sin(\varphi_n + \delta_n)\sin(\varphi_n - \beta - \theta)}{\cos(\delta_n + \theta + \alpha)\cos(\alpha - \beta)}}\right]^2}$$

$$K_{\text{ac}n} = \frac{1 - \sin\varphi_n}{\cos\varphi_n}$$

式中：$E_{\text{asp}n}$——作用在墙背上第 n 层土的总主动土压力标准值（kN/m）；

$e_{\text{asp}n1}$——作用在墙背上第 n 层土顶面处的单位面积上的主动土压力标准值（kPa）；

$e_{\text{asp}n2}$——作用在墙背上第 n 层土底面处的单位面积上的主动土压力标准值（kPa）；

h_n——第 n 层土的厚度（m）；

α——墙背与铅垂线的夹角（°），仰斜为正，俯斜为负；

γ_i——第 i 层土的重度（kN/m³）；

h_i——第 i 层土的厚度（m）；

$K_{\text{asp}n}$——第 n 层土的主动土压力系数；

c_n——第 n 层填土的黏聚力标准值（kPa）；

K_{acn}——地震主动土压力作用在第 n 层土的系数；

β——地面与水平面的夹角（°）；

φ_n——第 n 层土的内摩擦角（°）；

δ_n——第 n 层土与墙背间的摩擦角（°）；

θ——地震角（°）。

d. 挡墙所受总的地震主动土压力及其作用点

挡墙所受总的地震主动土压力为各层总主动土压力之矢量和，各层总主动土压力作用点可近似地认为在相应层土压力分布图的形心处，挡墙所受总的地震主动土压力作用点可根据各土压力加权平均来确定。

② 地震被动土压力 [图 7-1b)]，按下列公式计算

a. 作用在挡墙墙背第 n 层土的总被动土压力标准值

$$E_{\mathrm{psp}n} = \frac{1}{2}(e_{\mathrm{psp}n1} + e_{\mathrm{psp}n2})\frac{h_n}{\cos\alpha}$$

b. 作用在墙背第 n 层土顶面处的单位面积上的被动土压力标准值

$$e_{\mathrm{psp}n1} = K_{\mathrm{psp}n}\sum_{i=0}^{n-1}\gamma_i h_i \cos\alpha + 2c_n K_{\mathrm{pc}n}\cos\alpha$$

c. 作用在墙背第 n 层土底面处的单位面积上的被动土压力标准值

$$e_{\mathrm{psp}n2} = K_{\mathrm{psp}n}\sum_{i=0}^{n}\gamma_i h_i \cos\alpha + 2c_n K_{\mathrm{pc}n}\cos\alpha$$

d. 计算系数

$$K_{\mathrm{psp}n} = \frac{\cos^2(\varphi_n + \alpha - \theta)}{\cos\theta\cos^2\alpha\cos(\delta_n + \theta - \alpha)\left[1 - \sqrt{\dfrac{\sin(\varphi_n + \delta_n)\sin(\varphi_n + \beta - \theta)}{\cos(\delta_n + \theta - \alpha)\cos(\alpha - \beta)}}\right]^2}$$

$$K_{\mathrm{pc}n} = \frac{\sin(\varphi_n - \theta) + \cos\theta}{\cos\theta\cos\varphi_n}$$

式中：$E_{\mathrm{psp}n}$——作用在墙背上第 n 层土的总被动土压力标准值（kN/m）；

$e_{\mathrm{psp}n1}$——作用在墙背上第 n 层土顶面处的单位面积上的被动土压力标准值（kPa）；

$e_{\mathrm{psp}n2}$——作用在墙背上第 n 层土底面处的单位面积上的被动土压力标准值（kPa）；

7 挡 土 墙

K_{pspn}——第 n 层土的被动土压力系数；

K_{pcn}——地震被动土压力作用在第 n 层土的系数。

e. 挡墙所受总地震被动土压力及其作用点

挡墙所受总的地震被动土压力为各层总被动土压力之矢量和，各层总被动土压力作用点可近似地认为作用在相应层土压力分布图的形心处，挡墙所受总的地震被动土压力作用点可根据各土压力加权平均来确定。

(3) 异形挡土墙的地震土压力计算

为了适应地形和工程需要，减少主动土压力的影响或提高挡土墙的稳定性，常采用凸形墙背的挡土墙或衡重式挡土墙。这些挡土墙的墙背不是一个平面，设计成折面。对于这类折线形墙背，可以以墙背转折点或衡重台为界，分成上墙与下墙，如图 7-2 所示。

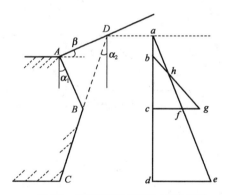

图 7-2 折线形墙背的地震土压力计算

显然，建议公式是基于直线墙背导出的。当墙背为折线时，不能直接用该公式求算全墙的土压力，可将上墙与下墙分别作为独立的挡土墙，分别计算主动土压力，然后取两者的矢量和作为全墙的土压力。

计算上墙土压力时，可不考虑下墙的影响。下墙土压力计算较为复杂，目前普遍采用简化的计算方法，常用的有延长墙背法和力多边形法两种。

① 折线形墙背挡土墙地震土压力计算

如图 7-2 所示，采用延长墙背法计算地震土压力。AB 为上墙墙背，BC 为下墙墙背。先考虑上墙的墙背，用一般的方法求出主动土压力 E_1，土压应力分布图形为 bgc。计算下墙墙背的土压力时，首先延长下墙墙背 CB，交填土表面

于 D 点,以 DC 为假想墙背,用上述公式求算假想墙背的土压力,其合力即为下墙主动土压力 E_2,土压力分布图形为 aed,最后取土压力图 $ahgfedc$ 来表示沿整个折线墙高的土压力分布。

延长墙背法是一种简化的近似方法,计算简便,但是忽略了延长墙背与实际墙背之间的土体重力及作用其上的荷载,多考虑了自由延长墙背与实际墙背上土压力作用方向的不同而引起的竖向分量差,虽然两者在一定程度上能相互补偿,但未必能抵消。经验说明,当上下部分墙背的倾斜角 α_1、α_2 超过 $10°$ 以上时,有必要进行修正。

②设置减压平台的挡土墙

如图 7-3 所示,平台以上墙背所受的主动土压力仍按上述公式计算,平台以下墙背所受的主动土压力只与平台以下填土重量有关。平台向后延伸越长,这种减压作用越大。

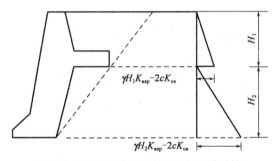

图 7-3 有减压平台挡土墙的地震土压力计算

7.2.6 挡土墙墙身的截面偏心距 e 应符合式(7.2.6)的规定。基础底面的合力偏心距 e 应符合表 7.2.6 的规定。

$$e \leqslant 2.4\rho \tag{7.2.6}$$

式中:ρ——截面核心半径(m)。

表 7.2.6 基础底面的合力偏心距 e

地 基 土	e
岩石,密实的碎石土,密实的砾、粗、中砂,老黏性土,$f_a \geqslant 300\text{kPa}$ 的黏性土和粉土	$\leqslant 2.0\rho$
中密的碎石土,中密的砾、粗、中砂,$150\text{kPa} \leqslant f_a < 300\text{kPa}$ 的黏性土和粉土	$\leqslant 1.5\rho$
密、中密的细砂、粉砂,$100\text{kPa} \leqslant f_a < 150\text{kPa}$ 的黏性土和粉土	$\leqslant 1.2\rho$
新近沉积的黏性土,软土,松散的砂,填土,$f_a < 100\text{kPa}$ 的黏性土和粉土	$\leqslant 1.0\rho$

7 挡土墙

基本沿用原规范的规定。

7.2.7 挡土墙的抗震稳定性验算应按现行《公路桥涵地基与基础设计规范》(JTG D63)进行,其抗滑动稳定系数 K_c 不应小于1.1,抗倾覆稳定系数 K_0 不应小于1.2。

基本沿用原规范的规定。

算例:某一级公路挡土墙设计,填土为黏性土,重度 $\gamma=18\mathrm{kN/m^3}$,计算内摩擦角 $\varphi=35°$;地基为砾石土,容许承载力 $[\sigma]=686\mathrm{kPa}$;基底摩擦系数 $\mu=0.45$;填土与墙背间的摩擦角 $\delta=15°$;墙身材料:MU25 块石,M5 砂浆,查表得:$R_k=3\,700\mathrm{kPa}$,$\gamma_k=1.92$;$R_k^L=330\mathrm{kPa}$,$\gamma_k=2.31$;$R_k^j=240\mathrm{kPa}$,$\gamma_k=2.31$;砌体重度 $\gamma_{砌}=23\mathrm{kN/m^3}$;$h_0=0.57\mathrm{m}$,$l_0=5.5\mathrm{m}$。计算示意图见图7-4。

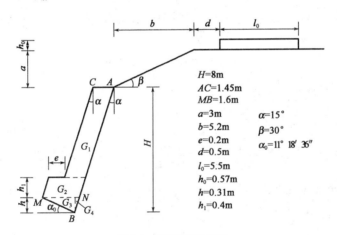

图 7-4 算例计算示意图

根据抗震规范第7.2.1条,对设计基本地震动峰值速度为 $0.10g$、$0.15g$ 的情况无须验算其抗震稳定性,并可忽略墙前地震被动土压力的影响。此处验算设计基本地震动峰值加速度为 $0.20g$ 的抗震稳定性。

1. 按抗震规范附录 A 计算地震主动土压力

本例中,$\gamma=18\mathrm{kN/m^3}$,$H=8\mathrm{m}$,$q=0$,$\alpha=15°$(仰斜为正,俯斜为负),$\beta=30°$,$\varphi=35°$,$\delta=15°$,$\theta=3°$(查表),$c=40\mathrm{kPa}$(假定)。

将这些数据代入附录 A 的相关计算公式中,可得到:$K_a=0.84$,$K_{ca}=$

103

0.52,$E_{ea}=151.04\text{kPa}$,力的作用点为距墙踵 $H/3$ 处,水平向左。

2. 墙身重心处的水平地震作用

(1) 墙重(每延米)

$$G_1 = 243.12\text{kN}; G_2 = 15.18\text{kN}; G_3 = 5.60\text{kN}; G_4 = 0.29\text{kN}$$

$$G = \sum G_i = 264.19\text{kN}$$

(2) 墙身重心处的水平地震作用

本例中,$C_i=1.3$,$C_z=0.25$,$A_h=0.2g$,$\varphi_i=1$。

将这些数据代入抗震规范式(7.2.3-1)、式(7.2.3-2)中,得到:

$$E_{ih} = 17.17\text{kN}$$

(3) 截面重心坐标计算(以墙趾为原点,水平向右为 x 轴正方向)

$$x_c = \frac{\sum G_i x_i}{G} = 2.29\text{m}$$

$$y_c = \frac{\sum G_i y_i}{G} = 3.73\text{m}$$

3. 抗滑移稳定性验算

$$\alpha_0 = 11°18'36'', \mu = 0.45$$

$$K_c = \frac{[G\cos\alpha_0 + (E_{ea}+E_{ih})\sin\alpha_0]}{(E_{ea}+E_{ih})\cos\alpha_0 - G\sin\alpha_0}\mu = 1.16 > [K_c] = 1.1$$

满足抗滑稳定性要求。

4. 抗倾覆稳定性验算

(1) 稳定力矩

$$\sum M_y = G x_c = 605.0\text{kN}\cdot\text{m}$$

(2) 倾覆力矩

$$\sum M_0 = E_{ea}\left(\frac{H}{3}-h\right) + E_{ih} y_c = 420.0\text{kN}\cdot\text{m}$$

(3) 抗倾覆稳定系数

$$K_0 = \frac{\sum M_y}{\sum M_0} = 1.44 > [K_0] = 1.2$$

满足抗倾覆稳定性要求。

7.3 抗震措施

7.3.1 设计基本地震动峰值加速度大于或等于0.20g时,干砌片(块)石挡土墙的高度不宜超过5m;大于或等于0.40g时,不宜超过3m。高速公路、一级公路不应使用干砌片石挡土墙。

地震区不宜修筑高的浆砌片石挡土墙,抗震规范对浆砌片石挡土墙的高度作了限制,当超过限制高度时,要采用片石混凝土或混凝土整体灌筑,以提高抗震强度和稳定性。

7.3.2 设计基本地震动峰值加速度大于或等于0.10g时,浆砌片(块)石挡土墙的最低砂浆强度等级应按现行《公路圬工桥涵设计规范》(JTG D61)的要求提高一级采用,挡土墙高度不宜大于表7.3.2的规定。当挡土墙高度大于表7.3.2所列数值时,宜采用混凝土整体浇筑或分级式挡土墙。

表 7.3.2 浆砌片(块)石挡土墙的高度限值

高 度 (m)		设计基本地震动峰值加速度	
		0.20g、0.30g	≥0.40g
公路等级	高速公路、一级公路	12	10
	二级公路、三级公路	14	12

浆砌片(块)石或混凝土块石挡土墙的砌缝是浆砌挡土墙的抗震薄弱环节,因此,抗震规范规定浆砌片(块)石挡土墙的最低砂浆强度等级应按现行有关规范的要求提高一级采用,以提高砌缝的结合强度和挡土墙的整体性。

7.3.3 混凝土挡土墙的施工缝和衡重式挡土墙的变截面处,应采用短钢筋加强、设置不少于占截面面积20%的榫头等措施提高抗剪强度。

从挡土墙震害资料分析,混凝土挡土墙的施工缝和衡重式挡土墙的截面处都是抗震薄弱部位,因此,要求在这些部位设置一定数量的榫实或短钢筋,以加强挡土墙的整体性,提高抗震性能。

7.3.4 挡土墙应分段修筑,每段长度不宜超过15m;在墙的分段处、地基土及墙高变化处,应设置沉降缝。

震害实例表明，在地基土变化处或墙身截面处，挡土墙容易遭受震害，因此，地震区挡土墙的砌筑分段处、地基土及墙高变化处，要设置沉降缝。

7.3.5 位于液化土及软土地基上的挡土墙，应按本规范第 4 章有关规定进行地基处理。当采用桩基时，桩尖应伸入稳定土层。

国内外多次地震震害经验证明，位于液化土或软土地基上的建筑物，一般震害较重。1976 年唐山地震区，南堡专用线（铁路）谢家坟车站站台墙，地基土为淤泥质砂黏土夹粉细砂，抗震设防烈度 8 度，地基砂土发生液化，喷水冒沙严重，使地基沉陷变形，导致挡土墙开裂、部分墙体倒塌。因此，挡土墙的基础不应直接设在液化土或软土地基上。若不可避免时，应加强地基处理。必要时，可采用桩基础，但桩尖应伸入稳定土层内。

8 路基

8.1 一般规定

8.1.1 应根据公路等级、场区设计基本地震动峰值加速度、地形地质条件，合理选择填料，确定路基高度和断面形式，并采取必要的防护措施，保证路基安全。

路基设计应在工程地质勘察工作的基础上，查明区域的水文地质和工程地质条件，从地基处理、路基填土材料的选择、路基强度与稳定性要求、防护工程、排水系统，以及关键路基部位的施工技术等方面，结合区域抗震要求和环境保护等要求，进行综合设计，确定合适的路基高度和断面形式。必要时，应采取必要的防护措施，保证路基的强度、稳定性和耐久性满足相应标准的要求。

路基设计宜避免采用对抗震不利的高路堤和深路堑。

8.1.2 路线经过规模较大、性质复杂的滑坡、崩塌、岩溶等不良地质地段时，应采用排、挡及改善软弱层带的工程性质等措施进行综合治理，减轻地震诱发的地质灾害对路基的危害。

设计规模较大、性质复杂的滑坡、崩塌、岩溶等不良地质地段的路线时，应查明不良地质地段附近的地形地貌、水文地质和工程地质条件，以及不良地质现象的成因类型、规模与特征等，分析评价不良地质现象的现状、发展趋势及其对公路工程可能的危害程度，结合公路的重要程度、施工条件及其他要求，采取适当的综合治理措施，减轻地震诱发的地质灾害对路基的危害。

对地震区危害大、性质复杂或短期内难以查明其不良地质现象的，可采取全面规划、分期处置的方案，并建立震后恢复交通的预案。

8.2 抗震稳定性验算

8.2.1 路基应按表 8.2.1 规定的范围和要求验算其抗震稳定性。

表 8.2.1 路基抗震稳定性验算的范围

项 目			基本地震动峰值加速度			
			高速公路、一级公路、二级公路			三级公路、四级公路
			0.10g (0.15g)	0.20g (0.30g)	≥0.40g	≥0.40g
岩石、非液化土及非软土地基上的路堤	非浸水	用岩块及细粒土（粉性土、有机质土除外）填筑	不验算	H>20 验算	H>15 验算	H>20 验算
		用粗粒土（极细砂、细砂除外）填筑	不验算	H>12 验算	H>6 验算	H>12 验算
	浸水	用渗水性土填筑	不验算	H_w>3 验算	H_w>2 验算	水库地区 H_w>3 验算
		地面横坡度大于1∶3的路基	不验算	验算	验算	验算
路堑		黏性土、黄土、碎石类土	一般不验算	H>20 验算	H>15 验算	H>20 验算

注：1. H 为路基高度 (m)。
　　2. H_w 为路基浸水常水位的深度 (m)。

验算路基抗震稳定性的范围和要求沿用原规范的规定。为了分析近年来经常出现的 20m 以上高路堤的抗震稳定性，填土参数选用原规范给出的具有代表性的四组物理力学试验数据。路堤高度选用 18、30、40、50m 四种，分台高度选用 8、10、12m 三种，边坡坡度选用 1∶1.5、1∶1.75、1∶2 三种，路基宽度选用 14、26m 两种，地震烈度考虑 7、8、9 度的作用，按简化毕肖普法和动力有限元法对路堤的抗震稳定性进行分析。验算结果的统计分析表明：

（1）稳定系数降低值，7 度地震约为 5.6%，8 度地震约为 10%，9 度地震约为 19%。

（2）不同土体参数对考虑地震时稳定系数降低程度的影响不大。

（3）不同的路基宽度对稳定系数的影响不大。

（4）按现有工程习惯的分台和坡度设置，对于 40m 以上的路堤，稳定系数偏低。

(5) 动力有限元法计算得到的稳定系数降低值更高。

8.2.2 公路路基可采用静力法进行抗震稳定性验算。设计基本地震动峰值加速度大于或等于 0.20g 地区的高速公路、一级公路，挖方高度超过 20m，填方路堤高度超过 15m，且处于滑坡地段的路基，宜对抗震稳定性进行专门研究。

公路路基的抗震稳定性可以借助计算机技术较详细地进行分析计算，但静力法还是常用的简单计算方法，其可以从整体上予以适当地掌控。对于高路堤的稳定性分析，可以采用目前国际上比较通用的 SLOPE 计算软件和 QUAKE 计算软件，也可以采用简化的毕肖普法、拟静力法计算边坡稳定分析，比较安全系数降低的百分数（%），或采用有限元来分析在静荷载作用下和地震荷载作用下路堤边坡的应力、变形的非线性总应力计算分析，重点是进行地震荷载作用下路堤边坡的动力反应分析，如对土单元节点的动位移、土单元的地震应力、某些指定节点的最大加速度、土单元的超孔隙水压力以及节点的永久变形、加速度的放大值以及路堤土体弹性模量取值影响分析等进行计算，然后进行边坡稳定分析，比较动静荷载作用下安全系数降低的百分数（%），还可以用不平衡力传递法（又称传递系数法）计算推力，从而对滑坡的稳定性进行判断。总之，方法较多，可以依据具体情况恰当采用。

处于高地震烈度区滑坡地基上的高路堤或深路堑的抗震分析，由于对滑坡性质认识的不确定性，以及考量必要的边坡防护措施的有效性，建议开展专门的抗震分析。

8.2.3 当路堤高度大于 20m 且位于设计基本地震动峰值加速度大于或等于 0.20g 地区时，路基抗震稳定性验算应考虑垂直路线走向的水平地震作用和竖向地震作用，其余情况只考虑垂直路线走向的水平地震作用。

路基主要受竖向地震的作用而损害，当路堤高度大于 20m 且位于设计基本地震动峰值加速度大于或等于 0.20g 地区时，应当同时考虑水平地震的作用。

8.2.4 地震作用应与结构重力、土重力组合，对于水库地区浸水路基以及滨河地区高速公路和一级公路浸水路基还应计入常水位的水压力和浮力。

8.2.5 采用静力法对路基进行抗震稳定性验算时，高速公路和一级、二级公路路基边坡高度大于20m的，路基边坡抗震稳定系数不应小于1.15，路基边坡高度小于或等于20m的，不应小于1.1；三级、四级公路的路基边坡抗震稳定系数不应小于1.05。

地震作用是偶然作用，发生几率小，故验算路基抗震稳定性时，可适当降低安全指标。安全指标的确定，直接影响到构筑物的安全性和经济性，必须结合实践经验、工程的重要性、实际建筑用地基和路基材料以及理论研究结果综合考虑确定。原规范规定的安全指标值经多年应用，没有反映其不合适，故继续沿用。

8.2.6 采用静力法对路基进行抗震稳定性验算时，应按下列公式计算路基边坡抗震稳定系数 K_c：

1 作用于各土体条块重心处的地震作用应按下式计算：

水平地震作用
$$E_{hsi} = C_i C_z A_h \psi_j G_{si}/g \tag{8.2.6-1}$$

竖向地震作用
$$E_{vsi} = C_i C_z A_v G_{si}/g \tag{8.2.6-2}$$

式中：E_{hsi}——作用于路基计算土体重心处的水平地震作用（kN）；

E_{vsi}——作用于路基计算土体重心处的竖向地震作用（kN）；

C_i——抗震重要性修正系数，应按表3.2.2采用；

C_z——综合影响系数，取0.25；

ψ_j——水平地震作用沿路堤边坡高度增大系数，按式（8.2.6-3）取值；

$$\psi_j = \begin{cases} 1.0 & (H \leqslant 20\text{m}) \\ 1.0 + \dfrac{0.6}{H-20}(h_i - 20) & (H > 20\text{m}) \end{cases} \tag{8.2.6-3}$$

A_h——路基所处地区的水平向设计基本地震动峰值加速度；

G_{si}——路基计算第i条土体重力（kN）；

A_v——路基所处地区的竖向设计基本地震动峰值加速度，根据表3.3.2确定，作用方向取不利于稳定的方向；计算时向上取负，向下取正；

h_i——路基计算第i条土体的高度（m）；

8 路 基

H——路基边坡高度（m）。

2 土质路基抗震稳定系数 K_c 应根据图 8.2.6，按式（8.2.6-4）确定，也可采用其他可靠方法计算。

$$K_c = \frac{\sum_{i=1}^{n}\{cB\sec\theta + [(G_{si}+E_{vsi})\cos\theta - E_{hsi}\sin\theta]\tan\varphi\}}{\sum_{i=1}^{m}[(G_{si}+E_{vsi})\sin\theta + M_h/r]} \quad (8.2.6\text{-}4)$$

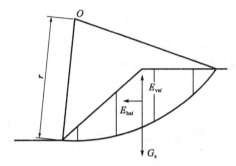

图 8.2.6 圆弧滑动法计算示意图

式中：K_c——抗震稳定系数；

r——圆弧半径（m）；

B——滑动体条块宽度（m）；

θ——条块底面中点切线与水平线的夹角（°）；

M_h——F_h 对圆心的力矩（kN·m）；

F_h——作用在条块重心处的水平向地震惯性力代表值（kN/m），作用方向取不利于稳定的方向；

c——土石填料在地震作用下的黏聚力（kN）；

φ——土石填料在地震作用下的摩擦角（°）。

为考虑高填方路堤在地震作用下的动力放大效应，采用与上述计算相同的路堤高度、分台高度、边坡坡度、路基宽度，对地基采用线弹性模型，对路堤采用等效线性化模型，考虑不同的回弹模量，分别输入 7、8、9 度的 EL Centro 地震波，按原规范反应谱拟合的Ⅰ、Ⅱ类场地土和Ⅲ、Ⅳ类场地土人工波（峰值加速度分别为 0.10、0.20、0.40g）进行动力有限元分析。计算得到的地震加速度放大系数的统计结果为：最大值平均为 1.382，标准差 0.175，当水平地震作用沿

高度分布系数 ψ 的最大值取 1.6 时，保证率可达 90％。

路基抗震稳定计算时，为确定最不利滑动面，可假定若干个滑动圆心，对相应圆弧滑动面逐一进行计算，从而求出相应的 K_c 并进行比较，找到最小的稳定系数。下面是一些常用的简便方法：

(1) $4.5H$ 法（图 8-1）

最危险滑动圆弧面的圆心是在一条辅助线上，该辅助线的位置可按下列方法确定：由坡角 A 点向下作垂线，量取路堤高度 H 得 C 点；由 C 点引水平线，量取 $4.5H$ 得 D 点，在 A 点作一与边坡夹角为 α_1 的直线 AO，在堤顶 B 点作与堤顶水平线成夹角 α_2 的直线 BO，并与 AO 直线交于 O 点（α_1、及 α_2 角的数值，见表 8-1）。连接 D、O 点并向外延伸。

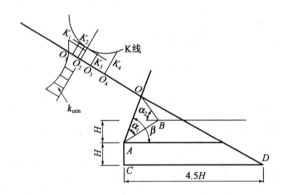

图 8-1　$4.5H$ 法

当 $\varphi > 0°$ 时，最危险滑动面的圆心位置在 DO 的延长线上，可在延长线上定 3～5 个圆心的位置，计算相应的稳定系数，由此求得最小值。有时为可靠起见，在此最小值附近，沿 DO 延长线垂线的方向，再设几个圆心，确定有无更小的稳定系数。

表 8-1　α_1、α_2 取值表

边坡坡度	1：0.75	1：1.0	1：1.25	1：1.5	1：1.75	1：2.0	1：2.25	1：2.5	1：3.0	1：4.0
边坡倾角 β	53°08′	45°	38°40′	33°41′	29°45′	26°34′	23°58′	21°48′	18°26′	14°03′
α_1	29°	28°	27°	26°	26°′	25°	25°	25°	25°	25°
α_2	39°	37°	35°30′	35°	35°	35°	35°	35°	35°	36°

(2) 潘家铮法（图 8-2）

过边坡中点，分别以 $\frac{1}{2}L$ 和 $\frac{3}{4}L$ 为半径作圆弧，分别与边坡中法线和中垂线交于 a、a'、b、b'，则最危险滑动面的圆心在 aa'、bb'的范围内。

(3) 36°法（图 8-3）

在堤顶 B 处作与堤顶水平线成夹角 36°的直线 BE，最危险圆弧的圆心位置，可在此直线上寻找。在找到最危险圆心位置后，还须沿垂直此直线方向，再补找几个圆心位置，验算有无更小的稳定系数值。36°法较简便，但精度不如 4.5H 法。对于重要的边坡，宜采用 4.5H 法。这两种方法均较适用于边坡坡顶水平、滑动圆弧通过边坡坡脚的情况。

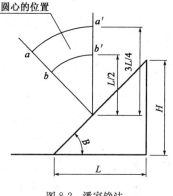

图 8-2 潘家铮法

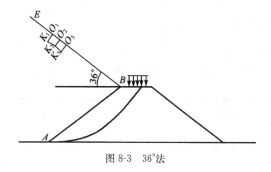

图 8-3 36°法

8.3 抗震措施

8.3.1 路堤填料的选择应符合下列规定：

1 路堤填方宜采用抗震稳定性较好的碎石土、黏性土、卵石土和不易风化的石块等材料，当采用砂类土填筑路基时，应对边坡坡面采取适当防护措施。

2 路堤浸水部分的填料，宜选用抗震稳定性较好的渗水性土。

3 位于设计基本地震动峰值加速度大于或等于 0.20g 地区的高速公路和一级公路，采用粉砂、细砂作填料时，应采取防止液化的措施。

路基填方的震害原因，在一般地段主要是地震所造成的填土力学强度的降低。而地震对填土力学强度的影响程度，又与填料的性质和填土的密实度有很大的关系。因此，对填料进行适当的选择并保证其一定的密实度，是提高路基稳定性的一项基本措施。

根据对震害的调查分析，碎石土、亚黏土等具有一定黏结力的材料填筑的路基，其抗震性能要比采用砂类土填筑的好得多。

路基填方的抗震性能不仅与填料性质有关，还与填土的密实度有关。密实度低的填土，由于初始力学强度低和空隙率大，在地震时土粒容易发生位移，从而使路基遭到不同程度的破坏。提高填土的密实度，可以增加土粒间的黏结力和摩擦力，从而提高路基的抗震稳定性。因此，地震区的路基填方宜采用碎石土、一般黏性土、卵石土和不易风化的石块等材料填筑。对于压实度的抗震要求，由于缺乏定量资料暂不另作规定，仍按现行有关规范执行。

采用砂类土填的路基，由于填土缺乏一定的黏结力，在地震时土料非常容易发生侧向位移。当位移较大时，还将加剧振动时土粒间压应力的瞬间降低，从而进一步降低其抗剪强度。土粒的侧向位移及其引起的抗剪强度进一步降低，将会造成路基沉陷和边坡坍塌等震害。因此虽然砂类土的压实比较困难，也应尽量采用振动机械和夯击机械将其压实，并对边坡面采取适当的加固措施，以减少和限制土粒的侧向位移。

无论从理论分析还是震害经验来看，地震区应选用抗震稳定性较好的土填筑。

8.3.2 公路路堤或路堑的高度大于表8.3.2规定时，应采取放缓边坡坡度或加固等措施。

表8.3.2 路基高度限值（m）

填土类别	设计基本地震动峰值加速度				
	高速公路、一级公路		二级公路	三级公路、四级公路	
	0.20g（0.30g）	0.40g	0.40g	0.30g	0.40g
岩块和细粒土（粉土和有机质土除外）路基	15	10	15	—	—
粗粒土（细砂、极细砂除外）路基	6	3	6	—	—
黏性土路堑	15	15	10	15	20

8 路 基

本条是在原规范规定条文基础上的补充。

从抗震的角度看,一般黏性土和碎石土具有良好的抗震稳定性能,而黏结力差的填料的抗震性能相对较差。原规范的规定是综合其他行业规范的规定和震害调查得到的结果,应用以来,尚未有大的问题。表8.3.2内规定值比没有具体抗震要求的路堤或路堑高度限值略低。

从填料的选择来看,应优先选用级配较好的砾类土、砂类土等粗粒土作为填料,泥炭、淤泥、冻土、强膨胀土、有机质土等土类,不得直接用于填筑路基。

路堤边坡的形式和坡率应根据路堤的抗震能力要求、填料的物理力学特性、边坡高度和工程地质条件确定。目前,常用的办法有放缓边坡坡度、边坡形式采用阶梯形、加设截水沟等完善地表和地下排水系统等措施,也可以采用挡土墙等支挡结构,设计应结合地质勘察资料进行详细的分析,如进行必要的稳定性分析等。

8.3.3 对于设计基本地震动峰值加速度大于或等于0.20g地区的高速公路和一级、二级公路,在自然坡度大于1:5的稳定斜坡上填筑路堤时,应在原地面挖台阶,台阶宽度不宜小于2m,坡脚处应采取设置支挡构筑物等防滑措施。

这是目前常用且效果比较好的办法。当表层覆盖层薄且底下为基岩时,建议先清除覆盖层再挖台阶。

8.3.4 当在自然坡度大于1:3的稳定斜坡上填筑路堤时,应验算路堤整体沿基底的滑动稳定性,其抗滑稳定性系数不应小于1.1。

填筑于地面横坡较陡的稳定斜坡上的路基,在地震时容易发生沿基底面的坍塌。为了加强地基的稳定性,当地面横坡陡于1:3时,除按规范的要求处理基底外,还应验算路基整体沿基底下软弱层的滑动稳定性,抗滑稳定性系数暂定为1.1。除此之外,必要时应根据具体情况加强上侧山坡的排水处理和在坡脚采取支挡措施。

8.3.5 路基地基存在液化土层,当满足下列条件之一时,可不采取抗震措施:

1 高速公路和一级公路路堤高度小于3m,二级、三级、四级公路路堤高度小于4m。

2 上覆非液化土层厚度 d_u 或地下水位的深度 d_w 值大于表8.3.5规定的限制。

3 设计基本地震动峰值加速度大于或等于0.10g（0.15g）、0.20g（0.30g）、0.40g的地区，对应地面以下5m、6m、7m深度内，液化土层的累计厚度小于2m，且高速公路和一级公路路堤高度小于5m，二级公路路堤高度小于6m。

表8.3.5 d_u 或 d_w 的限值（m）

公路等级	设计基本地震动峰值加速度		
	0.10g（0.15g）	0.20g（0.30g）	0.40g
高速公路和一级公路	5	6	7
二级公路	4	5	6
三级公路、四级公路	3	4	5

目前对液化土地基上路堤稳定性的检算尚缺乏经验，根据宏观震害情况、公路等级及修复难易程度提出抗震设计界线。

（1）高速和一级公路，路堤高度 H 小于3m，二、三、四级公路，路堤高度 H 小于4m产生震害后修复较容易，可不考虑地震影响。

（2）液化土地区路堤震害与地面覆盖土层厚度、地下水位的关系：

路堤下沉包括堤身和地基两部分下沉的总和。宏观震害表明，砂土液化地基失效是路堤破坏的主要原因。地表覆盖非液化土层对砂土液化能起到抑制作用，这种抑制能力与覆盖土层类别和厚度、地下水位深度以及地震烈度等有关。在一定的覆盖压力下，液化砂土的喷冒现象可以减轻或制止，因此，地震覆盖土层越厚，地基下沉越不明显，路堤震害则轻微。当地表覆盖非液化土层较薄时，地基中液化砂土容易产生喷冒现象。一般在路堤取土坑或排水沟的底部，由于取土减薄了覆盖土层的厚度，给液化砂土的溢出创造了有利的条件。由于喷冒作用，地基中的水和砂大量散失，砂层局部被掏空引起地基沉陷，导致路堤破坏。但地基中液化砂层较薄或者夹有田间厚的黏性土层时，则很少有喷冒现象。日本新潟地震时，饱和砂层的厚度小于2m者，一般不产生震害。

以上震害表明，地表覆盖土层对砂土液化能起到抑制作用。这是因液化砂土具有一定的初始密度，当埋置深度大或上覆压力（超载）增加时，砂土液化所需要的循环应力和历时都相应增加，使液化的可能性减小。因此，增加地表覆盖土

8 路 基

层的厚度，是防止地基液化的有效措施之一。

8.3.6 高速公路和一级公路的路基地基为液化土层，不满足本规范第8.3.5条规定时，应按本规范第4.3.5条的规定采取抗液化措施。

路堤相对于挡土墙、桥梁等结构更便于修复，由于高速公路的路堤修复比较容易，依据抗震规范总的设防目标，位于抗震不利地段的高速、一级、二级公路，经短期抢修即可恢复使用。在此基础上抗震规范给出了原则性意见，设计者可依据不同情况和不同要求采取抗液化措施。例如：对于河滩地段，为了桥梁的桥台安全性，局部地段液化措施可相应提高，无论液化等级为轻微、中等、严重，均可处理到液化临界值以下。而对大面积地区（属于区域性的），为节约投资，对于轻微液化地段，也可不采取措施；对于中等和严重液化地段，抗液化措施可达到液化指数小于5的程度。

8.3.7 筑于软土地基且高度大于6m的路堤，可根据具体情况适当采取下列措施，提高路基的抗震稳定性：

1 降低填土高度，置换软土设置反压护道。
2 取土坑和边沟浅挖、远离路基。
3 保护路基与取土坑之间的地表植被或采取地基加固措施。

软土地区，地表受蒸发作用往往覆盖一层"硬壳"，这层硬壳对传递上部结构荷载起应力扩散作用，对地震荷载起抑制软土产生流变的作用。地面硬壳愈厚，软土承受覆压力愈高，硬壳能够增加软土地基的稳定性，减少地基的沉降变形，从宏观而言上述观点是正确的。

实践经验表明，软土地基上修筑的路堤底部均宜设置透水性水平垫层，厚度以0.50m为宜。对于缺少砂砾的地区，可以将土工合成材料和砂砾垫层配合使用，以减小砂砾垫层的厚度。轻质路堤可采用粉煤灰、泡沫聚苯乙烯（EPS）块等轻质材料填筑。路堤加筋应采用强度高、变形小、耐老化的土工合成材料作为路堤的加筋材料。反压护道可在路堤的一侧或两侧设置，其高度不宜超过路堤高度的1/2，其宽度应通过稳定计算确定。软土路基的加固还可以采用排水固结、粒料桩、加固土桩、强夯等方法予以恰当地处置。

填筑于软弱黏性土层和液化土层上的路基，在地震时将会随着地基的变形和失效而发生沉陷和坍塌。换土、反压护道、降低填土高度、降低地下水位等都是在软土地基上填筑路基的一般措施。

对于可液化土层，除采取上述措施外，还可以采取土坑和边沟浅挖并远离路基、保护路基与取土坑之间的地表植被等措施。

软土地基上的路堤，高度一般控制在 6m 左右。当高度超过 6m 时，技术经济性将不尽合理。当软土地基采用砂井、碎石桩、石灰桩等加固措施时，由于排水固结或挤密作用，软土地基强度明显增大，提高了抗震效果。

实践证明，采用反压护道加固软土地基，对抗震有一定的效果。所以有些国家的抗震设计规范，规定以护道作为地震区软土地基路堤（包括土坝）的加固措施之一。因此，没有反压护道的软土地其路堤，只要将堤身及护道边坡放缓，即可满足抗震稳定性的要求。

8.3.8 软土地基上的高速公路和一级公路，地表设置垫层时，垫层材料应采用碎、卵石或粗砂夹碎石（卵石），不得采用细砂。

软土地区地下水位接近地表，甚至地表有积水现象，当路堤基底采用砂石垫层时，大部分处于饱和状态。现场调查和室内试验都证明，处于饱和状态的粉、细砂普遍存在液化问题，因此，路堤基底宜采用碎（卵）石或粗砂夹碎石作垫层。

8.3.9 边坡高度超过 10m 的岩石路堑，边坡坡度宜参考表 8.3.9 的规定确定。边坡岩体石质破碎或有危石的岩石路堑，上覆层受震易坍塌时，应采取支挡措施；对于高速公路和一级公路，宜采用明洞或隧道方案通过。

表 8.3.9 边坡高度超过 10m 的岩石路堑参考边坡坡度

岩石种类	设计基本地震动峰值加速度	
	0.20g（0.30g）	0.40g
风化岩石	1∶0.6～1∶1.5	1∶0.75～1∶1.5
一般岩石	1∶0.1～1∶0.5	1∶0.2～1∶0.6
坚石	1∶0.1～直立	1∶0.1～直立

控制路堑边坡稳定的因素很多，应根据工程地质及水文地质条件、边坡高度、施工方法、土力学性质，结合自然稳定边坡和人工边坡的调查及地震烈度等

8 路 基

情况综合确定。必要时可采用稳定性分析方法予以检算。

根据宏观震害经验,在地震动峰值加速度大于或等于 0.20g 的地区,边坡高度小于 10m 时,非地震区路堑边坡一般能满足抗震稳定性要求,可不作抗震设计;当路堑边坡高度大于 10m 时,需要采取放缓边坡或加固措施。在地震动峰值加速度大于或等于 0.20g 时,边坡高度大于 20m 和 15m 时考虑到震后修复困难,而且土质情况复杂,除需按现行《公路路基设计规范》(JTG D30)的规定边坡放缓或采取抗震措施外,还需进行抗震稳定验算。

碎石类路堑边坡抗震稳定程度与土质结构的密实度、含水率、土层成因以及下卧基岩面的倾斜方向等条件有关。尤其是下部为基岩、上部为碎石类土这种由两种或两种以上不同土质组成的路堑边坡,对抗震不利,在边坡上土层变化的接触面上地震反应较大,容易产生震害。要结合边坡高度,确定边坡形状和坡值或作加固措施。对于有外倾软弱结构面的岩质边坡、坡顶边缘附近有较大荷载作用的边坡,建议通过适当的稳定性分析确定边坡的坡率。硬质岩石挖方路基宜采用光面、预裂爆破技术。边坡高度大于 20m 的软弱松散岩质路堑,宜采用分层开挖、分层防护和坡脚预加固技术。当挖方边坡较高时,可根据不同的土质、岩石性质和稳定性要求开挖成折线式或台阶式边坡,边沟外侧应设置碎落台,台阶式边坡中部应设置边坡平台。边坡坡顶、坡面、坡脚和边坡中部平台应设置完善的地表排水系统。

边坡坡面的防护形式应该根据边坡稳定情况和周围环境状况确定,边坡防护应采取工程防护与植物防护相结合的综合措施,稳定性差的边坡应设置合适的综合支挡工程。

当无充分的技术论证时,不建议在地震烈度高的地区修建高于 30m 的高路堤或深路堑;确实需要修建时,应进行单独设计。

8.3.10 路基通过发震断裂,按本规范第 3.6.11 条判定,需要考虑发震断裂错动对路基影响时,高速公路、一级公路和二级公路,距发震断裂带边缘 100m 范围内,路堤高度和路堑边坡高度宜小于 3m,三级公路和四级公路宜小于 4m。

为便于修复,当高速公路、一级公路已判别为发震断裂时,无论填方路堤还是挖方路堑,其边坡高度均不宜超过 3m。

9 涵洞

9.0.1 设计基本地震动峰值加速度大于或等于 0.20g 地区的高速公路和一级、二级公路上的涵洞，应选用外形封闭的圆管涵或箱涵。

目前常用的涵洞有钢筋混凝土圆管涵、拱涵、钢筋混凝土箱涵、钢筋混凝土盖板涵、钢波纹管涵等多种形式，其中钢筋混凝土盖板涵的盖板可以是预应力混凝土结构。外形封闭的涵洞，包括钢筋混凝土圆管涵、钢波纹管涵和钢筋混凝土箱涵等，结构的整体性较强，具有相对较强的抗震能力。

9.0.2 软土或液化地基上的涵洞，地基基础处理应符合本规范第 4.3 节的有关规定。

涵洞置于地基上，对于置于软土或液化地基上的涵洞，无论是否从抗震的要求考虑，都应该按相应规范的要求，对地基予以适当的处置。

9.0.3 涵洞可按本规范第 7.2 节的规定进行强度和稳定性验算，其综合影响系数 C_z 可取 0.3。

本条沿用原规范的规定，可仅按 E1 地震作用下验算涵洞结构的强度和稳定性。

9.0.4 钢筋混凝土管涵的涵节接头两侧宜置于同一土层上。设计基本地震动峰值加速度大于或等于 0.40g 的地区，宜采用钢筋混凝土套环式接头。

管涵的接头是涵洞结构的薄弱部位，对地处地震烈度高的地区的涵洞，应该加强涵洞结构接头的处置。首先优先考虑将涵洞，特别是接头部位的区域，放置在同一土层上，避免接头两侧的不均匀沉降；其次，当地处地震烈度高的地区时，可以考虑采用钢筋混凝土套环式接头等构造措施对接头部位予以加强。

附录 A 地震土压力计算

A.0.1 地震主动土压力可按下式计算：

$$E_{ea} = \left[\frac{1}{2}\gamma H^2 + qH\frac{\cos\alpha}{\cos(\alpha-\beta)}\right]K_a - 2cHK_{ca} \quad (A.0.1\text{-}1)$$

式中：γ——填土重度（kN/m^3），水下采用浮重度；

H——墙高（m）；

q——滑裂楔体上的均布荷载标准值，地面倾斜时为单位斜面积上的重力标准值（kPa）；

α——墙面与竖直方向之间的夹角（°），如图 A.0.1 所示；

β——填土表面与水平面的夹角（°），如图 A.0.1 所示；

c——黏性填土的黏聚力（kPa）（当为砂性土时，$c=0$）；

K_a——地震主动土压力系数；

K_{ca}——系数。

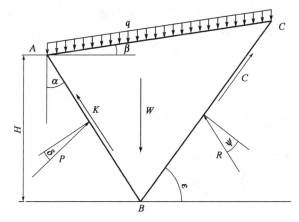

图 A.0.1 地震土压力计算示意图

1 式（A.0.1-1）中的 K_a 可按下式计算：

$$K_a = \frac{\cos^2(\varphi-\alpha-\theta)}{\cos\theta\cos^2\alpha\cos(\alpha+\delta+\theta)\left[1+\sqrt{\dfrac{\sin(\varphi+\delta)\sin(\varphi-\beta-\theta)}{\cos(\alpha-\beta)\cos(\alpha+\delta+\theta)}}\right]^2}$$

(A.0.1-2)

式中：φ——填土的内摩擦角（°）；

δ——填土与挡土墙背的摩擦角（°）；

θ——地震角（°），可按表 A.0.1 取值。

2 式（A.0.1-1）中系数 K_{ca} 可按下式计算：

$$K_{ca} = \frac{1-\sin\varphi}{\cos\varphi} \qquad (A.0.1\text{-}3)$$

表 A.0.1 地震角取值表

设计基本地震动峰值加速度		0.10g (0.15g)	0.20g (0.30g)	0.40g
θ (°)	水上	1.5	3.0	6.0
	水下	2.5	5.0	10.0

A.0.2 地震被动土压力可按下式计算：

$$E_{ep} = \left[\frac{1}{2}\gamma H^2 + qH\frac{\cos\alpha}{\cos(\alpha-\beta)}\right]K_{psp} + 2cHK_{cp} \qquad (A.0.2\text{-}1)$$

式中：K_{psp}——地震被动土压力系数；

$$K_{psp} = \frac{\cos^2(\varphi+\alpha-\theta)}{\cos\theta\cos^2\alpha\cos(\alpha-\delta+\theta)\left[1+\sqrt{\dfrac{\sin(\varphi+\delta)\sin(\varphi+\beta-\theta)}{\cos(\delta+\theta-\alpha)\cos(\alpha-\theta)}}\right]^2}$$

(A.0.2-2)

K_{cp}——系数。

$$K_{cp} = \frac{\sin(\varphi-\theta)+\cos\theta}{\cos\theta\cos\varphi} \qquad (A.0.2\text{-}3)$$

A.0.3 地震土压力作用点的位置，当 $q=0$ 时，可取在距墙底 $H/3$ 处；当 $q\neq 0$ 时，H 应加上 q 折算的填土高度。

本规范用词用语说明

1 本规范执行严格程度的用词，采用下列写法：

1）表示很严格，非这样做不可的用词，正面词采用"必须"，反面词采用"严禁"；

2）表示严格，在正常情况下均应这样做的用词，正面词采用"应"，反面词采用"不应"或"不得"；

3）表示允许稍有选择，在条件许可时首先应这样做的用词，正面词采用"宜"，反面词采用"不宜"；

4）表示有选择，在一定条件下可以这样做的用词，采用"可"。

2 引用标准的用语采用下列写法：

1）在标准总则中表述与相关标准的关系时，采用"除应符合本规范的规定外，尚应符合国家和行业现行有关标准的规定"。

2）在标准条文及其他规定中，当引用的标准为国家标准和行业标准时，表述为"应符合《××××××》（×××）的有关规定"。

3）当引用本标准中的其他规定时，表述为"应符合本规范第×章的有关规定"、"应符合本规范第×.×节的有关规定"、"应符合本规范第×.×.×条的有关规定"或"应按本规范第×.×.×条的有关规定执行"。

附件1 地震震害

1 基本概念

地球，可分为三层。中心层是地核，主要由铁元素组成；中间是地幔；外层是地壳。地球的平均半径为6 370km左右，地壳厚度为35km左右。

地球表面，并不是一块完整的岩石，而是由大小不等的板块彼此镶嵌组成的，其中最大的有7块，它们是南极板块、欧亚板块、北美板块、南美板块、太平洋板块、印度澳洲板块和非洲板块。这些板块在地幔上面每年以几厘米到十几厘米的速度漂移运动，相互挤压和碰撞。

地球上这些板块与板块之间相互挤压碰撞，逐渐积累了巨大的能量，在地壳某些脆弱地带，会造成岩层突然发生破裂，或者引发原有断层的错动，这就是地震，所以说地震是地球内部运动引起的地表震动的一种自然现象。地震绝大部分发生在地壳中。

根据成因，地震共分为构造地震、火山地震、陷落（塌陷）地震和诱发地震等4种，还可有人工地震。

构造地震是指在构造运动作用下，当地应力达到并超过岩层的强度极限时，岩层就会突然产生变形，乃至破裂，将能量一下子释放出来。这类地震发生的次数最多，破坏力也最大，约占全世界地震的90%以上。2008年的汶川地震就属于此类地震。火山地震是指在火山爆发后，由于大量岩浆损失，地下压力减少或地下深处岩浆来不及补充，出现空洞，引起上覆岩层的断裂或塌陷而产生地震。这类地震数量不多，只占地震总数量7%左右。陷落地震主要是由于地下溶洞或矿山采空区的陷落引起的局部地震。陷落地震都是重力作用的结果，规模小，次数更少，只占地震总数的3%左右。人工地震和诱发地震是由于人工爆破、矿山开采、军事设施施工及地下核试验等引起的地震。由于人类的生产活动触发某些断层活动，引起的地震称诱发地震，主要有水库地震，深井抽水和注水诱发地震，核试验引发地震，采矿活动、灌溉等也能诱发地震。

地震波发源的地方，一般称之为震源。震源在地面上的垂直投影，地面上离震源最近的一点称为震中，它是接受振动最早的部位。震中到震源的深度为震源深度。通常将震源深度小于 60km 的叫浅源地震，深度在 60~300km 的叫中源地震，深度大于 300km 的叫深源地震。对于同样大小的地震，由于震源深度不一样，对地面造成的破坏程度也不一样。震源越浅，破坏越大，但波及范围也越小，反之亦然。破坏性地震一般是浅源地震。如 1976 年唐山地震的震源深度为 12km。观测点距震中的距离叫震中距。震中距小于 100km 的地震称为地方震，在 100~1 000km 之间的地震称为近震，大于 1 000km 的地震称为远震。其中，震中距越长的地方受到的影响和破坏越小。

地震所引起的地面震动是一种复杂的运动，它是由纵波和横波共同作用的结果。在震中区，纵波使地面上下颠动，横波使地面水平晃动。由于纵波传播速度较快，衰减也较快，横波传播速度较慢，衰减也较慢，因此离震中较远的地方，往往感觉不到上下跳动，但能感到水平晃动。

当某地发生一个较大的地震时，在一段时间内，往往会发生一系列的地震，其中最大的一个地震叫主震，主震之前发生的地震叫前震，主震之后发生的地震叫余震。

地震具有一定的时空分布规律。从时间上看，地震有活跃期和平静期交替出现的周期性现象。从空间上看，地震的分布呈一定的带状，称地震带。就大陆地震而言，主要集中在环太平洋地震带和地中海—喜马拉雅地震带两大地震带。太平洋地震带几乎集中了全世界 80% 以上的浅源地震、全部的中源和深源地震，所释放的地震能量约占全部能量的 80%。

地震，作为一种严重的自然灾害，全球每年发生约 550 万次，其对人类的威胁随着人类物质文明的不断积累而越来越大。1976 年的中国唐山地震、1994 年的美国 Northridge（北岭）地震、1995 年的日本阪神地震、1999 年的中国台湾集集地震、1999 年的土耳其伊兹米特地震、2004 年的日本新潟地震、2008 年的中国汶川地震等，都给人类带来了巨大的经济损失和大量的人员伤亡。

2 地震灾害

对于公路工程而言，地震会直接引起公路路基、路面、桥涵、隧道等构筑物的损伤和破坏，造成交通中断及人员伤亡，制约抗震救灾工作的进行和灾后的重建。同时，地震能引起火灾、水灾、有毒气体泄漏、细菌及放射性物质扩散、海啸、滑坡、崩塌、地裂缝等次生灾害，这些次生灾害会进一步加剧公路工程构筑物的损伤和破坏。下面，借助 2008 年汶川地震的灾后调查，回顾和分析一下地震震害的各种表现。

2.1 次生地质灾害

地震引起的次生地质灾害会对公路工程构筑物造成极大的损毁，严重影响道路通行，主要表现为：崩塌落石掩埋公路；砸毁桥梁；损毁隧道洞门及衬砌结构；崩塌、滑坡及泥石流堆积物堰塞河道、淹没公路等。汶川地震引发的次生地质灾害主要有如下几种形式：

2.1.1 地表破裂带

汶川地震发震断层产生地表破裂，对破裂带沿线的公路、房屋、铁路、管线等造成严重损毁，对公路的损害主要表现为公路路基错断、桥梁垮塌、挡墙错断。图 1-1 为映秀—北川地表破裂带导致 G213 线映秀镇附近桥梁垮塌、公路路基错断图片。

图 1-1 地表破裂致 G213 线映秀顺河桥垮塌

2.1.2 卵砾石液化

地震液化是一种常见的地震灾害形式。汶川地震区特殊的地质背景条件下，少见单一、较厚的砂层，第四系河流堆积物多为卵砾石层、局部夹砂层。本次地震的液化具有两个与以往不同的特点：一是大量卵砾石层液化现象（图 1-2）；二是第四系更新统地层液化现象。

图 1-2 拟建成都—什邡—绵阳公路沿线地震液化现象（左图可见喷出卵石）

2.1.3 崩塌及滑坡

崩塌、滑坡是汶川地震灾区主要地质灾害类型。地震力作用下的斜坡失稳灾害，与常规重力、降雨作用下的斜坡失稳灾害有显著的不同。汶川地震灾区地处龙门山区，在强烈的隆升作用和河流下切作用下，区内山高谷深、地形地质条件复杂，斜坡地质结构类型多样，斜坡失稳灾害类型极为丰富多样，大型滑坡、高位崩塌等为有代表性的灾害形式。

（1）大型滑坡

动力条件下诱发的大型滑坡灾害，多发生在中央主断裂上盘，失稳部位一般在高陡斜坡中上部，以岩体震动拉裂、高速启程为特征，并有远程滑动、运动过程中碎屑流化现象。该类滑坡对公路的危害表现为大段掩埋公路，或堰塞河道形成堰塞湖，淹没公路（图 1-3）。

（2）高位岩质斜坡崩塌

汶川地震诱发的崩塌灾害，失稳部位多位于高陡斜坡中上部、地貌突出部位，尤其是很多深切峡谷地段，上方基岩陡坡崩塌，大量块石崩落，往往造成下方桥梁被毁、路基被埋。图 1-4 为岷江左岸高度超过 600m 基岩陡坡崩塌，坠落块石击毁 G213 线彻底关大桥。

a) G213 老虎嘴滑坡及堰塞湖

b) 东河口滑坡遥感影像图

图 1-3　典型滑坡及堰塞湖

图 1-4　彻底关大桥右侧斜坡崩塌致桥梁被砸毁

（3）斜坡上部土层及强风化岩体失稳

深切峡谷地区，河流两侧斜坡陡峻，风化及卸荷作用强烈，斜坡上部往往有厚度不大的土层及一定范围的强风化、卸荷松动岩体，在地震力作用下，这部分岩土体最容易失稳破坏，造成大量"山扒皮"现象。此类失稳块碎石堆积于坡脚，往往造成公路大段被埋。图 1-5 为典型图片。

（4）高位块石抛射

在高陡斜坡上部地貌突出部位，在强烈地震动和高陡斜坡强大的放大效应下，结构面切割岩体失稳破坏，高速启程抛射，也是汶川地震区一种较为常见的现象。图 1-6 为映秀—卧龙公路某斜坡，陡坡中上部岩体倾倒崩塌破坏，顺坡坠落、弹跳，损坏路面及公路两侧树木。个别块体抛射，并在水面多次弹跳。最大运动水平距离 280m，而斜坡高度仅 142m。

图 1-5 典型斜坡上部土层及强风化岩体失稳（山扒皮）

图 1-6 映秀—卧龙公路某斜坡块石抛射

2.1.4 泥石流

汶川地震诱发大量崩滑灾害，地震崩滑堆积物残留在沟谷及斜坡上，后期在降雨作用下，极易诱发泥石流灾害，且可以潜伏多年。如 2010 年 8 月 13 日的四川境内的暴雨诱发了 S303 线映秀—卧龙公路、G213 线映秀—汶川公路、汉旺—清平—桂花岩公路等公路沿线众多的泥石流灾害，多处泥石流冲出沟谷后没有充分的堆积空间，直接掩埋公路、堰塞主河道，形成堰塞湖，给公路造成严重损毁。图 1-7 为 G213 线映秀—汶川公路烧房沟泥石流，掩埋新建明洞并堰塞岷江，大段淹没公路。

图 1-7 烧房沟泥石流堆积区掩埋棚洞，堰塞岷江，大段掩埋、淹没公路

2.2 路基震害

路基震害按结构类型与所在位置大致可分为：路基本体震害、路基所在边坡震害、支挡结构震害三大类。

2.2.1 路基本体震害

路基本体由土质或石质材料组成，按路基填挖的情况其断面形式可分为路堤、路堑和半挖半填三种类型。

路基本体震害可分为两类：一类为受地震直接作用的震害，如路基的沉陷和开裂等，该类震害占路基本体震害的绝大部分；另一类震害是由次生地质灾害造成的，如路基的掩埋等。

路基本体震害主要发生在半挖半填式路基和斜坡路堤上，路堑相对较少；路基本体震害大部分集中于山腰线路段，其次是坡脚线路段，少数发生在山脊线路段；土质和上土下岩类地基发生的震害数量较大，并且远大于岩质类上的路基震害数量，即修筑在土质地基上的路基本体破坏严重。

路基本体典型震害如图 1-8 所示。

(1) 沉陷类。沉陷类震害是指路基在地震作用下，路基不均匀挤密，发生局部塌陷，或者路基所在地基下沉产生的路面凹陷。这类震害主要发生在灾区公路的半挖半填式路基及路堑线路上，岩质、土质、上土下岩地基段均有发生。

附件1 地 震 震 害

a)沉降震害　　　　b)路基开裂　　　　c)坍塌震害

d)错台震害　　　　　　e)隆起震害

f)整体滑移　　　　　　g)滑坡掩埋路基

图1-8　路基本体典型震害

（2）开裂类。开裂类震害指路基产生不均匀变形，导致路面开裂。

（3）坍塌类。坍塌类震害主要表现为路堤边坡局部失稳，发生溜塌。

（4）错台。错台指的是在水泥混凝土或沥青路面的接缝或裂缝震害处，两板体产生相对竖向位移的现象。

（5）整体滑移。整体滑移是指在地震作用下，路基本体与地基间发生的一种相互错动的现象。

（6）隆起。隆起是指在地震作用下，由于路面下土体发生不均匀沉降和横向挤压，使路面发生穹窿、拱曲现象但并未开裂，这种上升可能起因于地震的垂向地面运动，也可能由于侧向挤压或拉伸所导致。

（7）次生灾害作用。该类震害由次生灾害造成，主要由于路堑边坡垮塌引起。在无边坡防护措施（或防护结构失效）的情况下，直接造成对路基的掩埋、砸坏，多发生在土质的路堑边坡和陡坡的硬岩路段。

2.2.2 支挡结构震害

汶川地震灾区的支挡结构主要分为重力式挡墙、加筋土挡墙和桩板墙三类，产生震害的支挡结构绝大部分为重力式挡墙，而属于柔性支挡结构的加筋土挡墙和桩板墙的震害较少（这也与加筋土挡墙和桩板墙工点的总体数量少有关）。重力式挡墙的震害类型大致可分为垮塌、墙身剪断、整体倾斜、滑移、墙面变形开裂、边坡垮塌掩埋、地基下沉等。支挡结构在汶川地震中所表现的震害具有如下特征：

（1）支挡结构震害主要发生在Ⅷ度以上的高烈度地区。

（2）震害支挡结构主要为重力式挡土墙，柔性支挡结构（加筋土挡墙和抗滑桩板墙）在汶川地震中表现出了良好抗震性能。路堑墙破坏较路肩墙严重，这可能与路基边坡发生大量震害有关。

（3）支挡结构耐震性能表现总体排序如下：抗滑桩最好，加筋土挡墙次之，重力式挡墙较差，干砌挡墙最差。其中，重力式挡墙大多出现倾斜变形，可通过施加水平约束以增强其抗震能力。

（4）汶川地震中重力式挡墙材料优劣顺序如下：片卵石混凝土最优，浆砌片块石挡墙次之，干砌挡墙表现最差。

（5）震害挡墙所在地基主要为土质地基，即土质地基上修筑的挡墙在地震中抗震性能较弱。

（6）支挡结构的临空面法向方向与断裂带垂直时容易产生破坏，当趋于平行时安全性较好。

(7) 受地震直接作用，挡墙主要发生垮塌、变形开裂以及倾斜破坏；另外，在高烈度区边坡垮塌对挡墙造成的冲毁、掩埋、砸坏等破坏也同样严重。

2.2.3 路基边坡震害

根据填挖方的不同，路基边坡分为路堑边坡与路堤边坡（即上边坡与下边坡）。按照防护措施的设置与否，路基边坡可分为有防护结构与无防护结构两大类。无防护结构的边坡震害数量约高出了设置防护结构边坡震害数量的一倍，在高烈度区这一差别更为明显。

遭受震害的防护类型主要有实体护面墙、灰浆防护、SNS 主（被）动网、框架梁锚杆、锚索等几大类。边坡防护结构的震害类型为：护面墙主要发生了垮塌、开裂震害；灰浆防护主要为剥落、开裂震害；主（被）动网主要被崩塌发生的抛射落石冲破；框架梁一般发生开裂与变形震害；锚杆锚索震害主要为锚头损坏失效等现象。需要说明的是，实体护面墙一般是为了覆盖各种软质岩层和较破碎岩石的挖方边坡以及坡面易受侵蚀的土质边坡，免受降雨、风化等影响而修建的墙体，因此与挡土墙不同，护面墙基本没有支挡抗震作用，在地震作用下，相对其他边坡防护结构它的震害程度更为严重，数量更多。垮塌震害占了边坡震害的绝大部分，接近震害总数的 90%，这与边坡没有设置防护措施密切相关。垮塌震害中包括了崩塌性滑坡、滑坡．崩塌、落石、溜坍等次生灾害。

路基边坡在汶川地震中所表现的震害具有如下特征：

(1) 路基边坡的震害与距震中和发震断裂的远近有密切关系。震害主要发生在Ⅸ～Ⅺ度之间的高烈度地区，而Ⅷ度区以下的震害数量与严重程度都明显下降。

(2) 设置适当的防护结构能显著减小地震对其造成的震害。路基边坡采用了边坡防护者破坏程度明显小于未防护的边坡，且有防护的边坡与边坡高度的关系并不明显，而未防护的边坡震害与坡高有正相关关系。对于边坡防护结构，震害主要发生在挂网类与护面墙两类结构措施上。

（3）不同的防护边坡类型，其破坏形式也有差异。有的边坡虽然实施了防护措施，但仍没有达到加固边坡的目的，需要根据边坡的岩性、风化程度等综合选择合适的防护措施。比如，边坡风化碎裂带较深，则不适合采用短锚杆的挂网喷混凝土，而采用长锚杆框架梁较为合适。诸如护面墙和灰浆防护一类的边坡防护措施，防护目的单一，抗震性能不高。

（4）无防护边坡震害最严重，有防护的边坡防护措施的有效性排序如下：锚杆锚索框架梁表现最好，锚杆挂网喷浆（混凝土）次之，锚杆挂主动网再次，护面墙及片块石护坡较差，单纯植草等生物防护最差。

（5）岩土类型方面，岩质边坡震害数量约占50%，在地震情况下易发生崩塌性滑坡、崩塌、落石，这是汶川地震中边坡灾害的典型特点。

（6）随着边坡高度的增高，震害数量也在增加，同时震害数量随着坡度的增大呈上升趋势，与灾区震害分布规律一致。

2.3 桥梁震害

汶川地震灾区桥梁主要包括简支梁桥、连续梁桥、拱桥、连续刚构桥等类型。中小跨径桥梁多为简支梁桥，上部结构多为预应力混凝土空心板、预应力混凝土T/I形梁；下部结构多为双柱排架墩；绝大部分简支梁桥支座采用板式橡胶支座，部分低等级公路中单跨小桥采用油毛毡简易支座，还有个别建设年代较早的桥梁采用摆轴支座。除部分尚未完工的桥梁外，其余桥梁均采用桥面连续结构。

2.3.1 简支梁桥震害

简支梁桥主要震害现象有：①主梁移位，甚至发生落梁或全桥垮塌，对于部分斜交简支梁桥，主梁在移位时往往会产生明显的平面转动；②墩梁相对移位导致支座滑移或剪切变形，挡块和伸缩缝破坏等；③桥墩出现倾覆、压溃、剪切破坏、开裂、倾斜等破坏；④桥台侧墙、锥坡局部开裂，台后填土下沉等。其主要震害表现如图1-9~图1-17所示。

在汶川地震实际烈度为Ⅶ~Ⅺ度区域内，共有简支梁桥958座，其中大桥及特大桥170座，中桥383座，小桥405座。在实际烈度为Ⅶ度的区域内未出现严重破坏的简支梁桥,而在实际烈度为Ⅷ~Ⅺ度区,出现完全失效的简支梁桥仅4座;在Ⅷ~Ⅺ度区域区内,也基本没有出现预期之外的破坏。

图 1-9 落梁

图 1-10 主梁纵横向移位

图 1-11 斜交桥梁体发生转动

图 1-12 挡块破坏

图 1-13 支座滑移、剪切变形

图1-14 桥墩柱剪切破坏

图1-15 桥墩开裂

图1-16 侧墙倾覆，台后填土垮塌

图1-17 桥台背墙开裂

(1) 主梁震害

汶川地震受灾区域内的3 298孔简支梁桥跨均未发现主梁破坏、开裂等结构性震害，震害主要形式为主梁移位。区域内共有36跨简支梁体发生落梁，均为位于实际烈度为Ⅹ度以上区域内的简支梁长桥，还有96跨梁体发生严重位移，511跨梁体出现一般移位。在发生移位的桥跨中，大桥的移位率高于中、小桥，较高烈度区域移位率大于较低烈度区域。中小规模简支梁桥主梁移位率远低于大桥（特大桥）的主梁移位率，发生落梁的桥跨均为位于Ⅹ、Ⅺ度区的长桥上；发生落梁的梁跨（36跨）中有29跨尚未施工完成，而处于运营状态的桥梁中并未出现国外历次地震中常见的"多米诺骨牌"式的大范围落梁的现象，主梁移位均为整跨（单跨桥）或整联（多跨桥）的整体移位，主梁表现出良好的整体性，即使对于横向移位较大甚至出现横向落梁震害的桥梁，在一联之内主梁也基本保持顺直。

（2）支座、挡块震害

所有简支梁桥中,发生支座破坏的组数为1 092组,占总数6 596组的16.6%;发生挡块破坏的组数为720组,占总数4 283组的16.8%。这与主梁发生移位比例接近,且与主梁破坏情况类似,发生破坏的支座、挡块也多为位于较高烈度的长桥上。

（3）桥墩震害

桥墩形式主要有钢筋混凝土排架墩、钢筋混凝土独柱墩（含墙式墩）和圬工重力式桥墩3种,其中以排架墩最为普遍,采用矩形空心截面的排架墩仅在少数几座桥梁中采用,圬工重力式桥墩主要用于修建年代较早的桥梁。

震害形式主要有墩柱底开裂、墩顶开裂、墩柱底塑性铰、压溃、倾斜、盖梁、开裂破坏,桥墩倒塌等。汶川地震共有56个桥墩出现震害,占总共2 316个桥墩的2.3%,远低于主梁、支座、挡块的破坏率。

（4）斜交桥梁震害

区域内有74座斜交简支梁桥。由于斜交桥梁的主梁平面形状不再为轴对称图形,导致其沿桥轴方向的线密度分布不均。在地震中,斜交简支梁桥的破坏程度与失效程度明显高于正交简支梁桥。相对而言,斜交简支梁桥较正交简支梁桥主梁更容易发生移位,落梁风险明显增大。

2.3.2 连续梁桥震害

区域内连续梁桥的上部结构多为预应力混凝土箱梁,跨度多在20～30m间;下部结构有排架墩、柱式墩或组合式桥墩;除部分连续梁桥采用板式橡胶支座外,大多数则采用盆式橡胶支座,且多采用支座固结的方式设置固结墩。

连续梁桥上部结构与简支体系桥的震害基本相同,主要是梁体移位、支座破坏等,不同之处在于连续梁桥多设置固定墩,而固定墩的破坏较非固定墩的破坏有较大区别,同时,对于部分采用墩梁固结的连续梁桥,在地震作用下,还会导致主梁开裂。连续梁桥主要震害如图1-18～图1-22所示。

汶川地震中,连续梁桥共有90座、185联,出现中等及以上破坏的桥梁共3座,占总数的3.3%。桥梁的总体表现可以接受。

图 1-18　连续梁桥部分联跨垮塌

图 1-19　连续梁桥主梁移位

图 1-20　盆式橡胶支座破坏

图 1-21　支座固结的固定墩压溃

图 1-22　墩梁固结的固定墩破坏与主梁开裂

连续梁桥的桥墩在地震中的破坏程度较一般桥墩严重。国道 G213 线中小黄沟中桥（图 1-23）与回澜立交桥（图 1-24）两座曲线连续梁桥采用墩梁固结的方式，两座桥梁的固结墩均出现了严重破坏，回澜立交桥甚至因固结墩完全失效而使承载力完全丧失。对于采用盆式橡胶支座固结的连续梁桥，在一联中也表现出固定墩破坏较一般墩更为严重的现象（图 1-25、图 1-26）。

图 1-23　小黄沟中桥固定墩开裂、倾斜

图 1-24　回澜立交桥固接墩严重破坏

图 1-25　百花大桥固定墩倾斜、墩底压溃

图 1-26　百花大桥固定墩系梁附近压溃

2.3.3　拱桥震害

汶川地震区域内，拱桥结构形式较为丰富，有圬工拱桥、双曲拱桥、上承式钢筋混凝土拱桥、中承式钢筋（管）混凝土拱桥等多种结构形式，以圬工拱桥为主。区域内有拱桥 297 座，其中圬工拱桥 276 座。

拱桥的主要震害现象为：①全桥垮塌或主拱圈拱座错位；②拱上建筑开裂，拱上建筑包括腹拱圈、拱上横墙、立柱及桥面板等。拱桥典型震害如图 1-27～图 1-31 所示。

鉴于结构的受力特点，圬工拱桥的震害表现与梁桥有明显的区别，其震害表现出一定的极端性，要么基本完好，要么震害严重甚至失效。

图 1-27 彭州小鱼洞大桥全桥垮塌（刚架拱桥）

图 1-28 辕门坝大桥全桥垮塌（圬工拱桥）

图 1-29 井田坝大桥全桥垮塌（钢筋混凝土拱桥）

图 1-30 铜子梁桥主拱开裂（双曲拱桥）

图 1-31 螺旋沟桥拱脚错位（圬工拱桥）

在21座钢筋（管）混凝土拱桥中，仅井田坝大桥出现全桥垮塌。该桥采用圬工重力式桥墩，且墩高较高。根据震害调查结果，其垮塌原因为桥墩墩底发生弯曲破坏。其他钢筋混凝土拱桥在地震的表现均好于圬工拱桥。

拱式腹拱是上承式拱桥的易损部位。白水河大桥、曲河大桥等腹拱和拱上横墙均出现了开裂、变形等震害，尤其是与桥台相接的腹拱，因变形较大，极易受损，白水河大桥、曲河大桥与桥台相接的腹拱几近垮塌（图1-32）。此外，横撑是中承式拱桥的易损构件，区域内 2 座中承式拱桥的横撑均出现了较为严重的开裂现象（图 1-33）。

图 1-32 曲河大桥腹拱拱脚错位

图 1-33 安州大桥斜撑开裂

2.3.4 连续刚构桥震害

区域内连续刚构共 3 座，只有位于实际烈度 Ⅹ 度的庙子坪大桥主桥发生破坏。其主要震害表现为：主梁底板、主梁腹板与横隔板、主墩墩梁结合部开裂；主墩与过渡墩倾斜开裂等。

具体震害表现为：①主梁部分节段开裂。主梁边跨及中跨顶、底板及腹板均出现裂缝。边跨的裂缝较中跨严重，且腹板裂缝较顶、底板裂缝要多而密。②主梁发生明显的纵横向移位。主梁移位以边跨横向移位为主，呈现明显的摆尾现象。边跨端部相对主墩的横向最大移位为 41cm。过渡墩支座受损相当严重，基本功能丧失。③过渡墩比主墩倾斜严重，纵向倾斜比横向倾斜明显。庙子坪岷江大桥主墩、过渡墩墩高均超过 65m，在地震时其淹没深度均超过 25m，其中 5 号主墩水下部分出现了水平贯穿裂缝，3 号交界墩墩底出现多条裂缝，此外，引桥中 7~11 号桥墩也出现了水下裂缝。虽然庙子坪大桥桥墩开裂并不严重，裂缝最宽处约 0.8mm，但因其裂缝均位于水下，导致其震后修复代价巨大。

2.4 隧道震害

为论述方便，将隧道结构分为断层破碎带段隧道结构、洞口结构以及普通段隧道结构，洞口结构包括洞外结构（边仰坡、洞门及明洞结构）和洞口段衬砌结构。

公路隧道的震害大致可分为隧道衬砌震害和隧道底部震害两大类，包括14种具体震害。隧道衬砌结构震害类型主要有：衬砌开裂一（裂纹清晰，有一定走向）、衬砌开裂二（不能确定裂纹方向，呈片状或网状）、混凝土剥落、衬砌错台、混凝土掉块、二次衬砌垮塌、隧道垮塌、施工缝开裂和衬砌渗水。隧道底部震害类型主要有：路面开裂一（裂纹清晰，有一定走向）、路面开裂二（不能确定裂纹方向，呈片状或网状）、仰拱错台、仰拱隆起和路面渗水。

从隧道震害的调查发现，隧道洞口和断层附近隧道结构的震害往往比隧道其他部分结构震害要严重许多。隧道洞身结构的洞口段隧道结构、断层段隧道结构和普通段隧道结构的震害的表现有所不同。

断层可分为有错动和无错动两种类型。根据汶川震区隧道穿越断层及破碎带实际状况，存在断层破碎带处无断层错动和断层破碎带处有断层错动的情况。

隧道出现最严重、最主要的破坏是二次衬砌垮塌，除个别特殊案例外没有出现隧道结构整体垮塌的，可见，隧道围岩整体和隧道主体结构是相对稳定、安全的。根据调查结果，断层破碎带段隧道结构震害的二次衬砌垮塌破坏占29.5%，衬砌开裂（裂纹清晰，有一定走向）和隧道结构垮塌分别占20.64%和17.07%，路面开裂（不能确定裂纹方向，呈片状或网状）占13.66%，其他震害类型较少。

震区公路隧道洞外结构破坏主要集中在地震烈度为Ⅸ度及Ⅸ度以上地区。隧道边仰坡在地震烈度为Ⅷ度及Ⅷ度以下时无震害，Ⅸ度及Ⅸ度以上均出现崩塌和滑塌，且大部分是由边仰坡上方山体崩塌、滑塌引起的。洞门结构在地震烈度为Ⅷ度及Ⅷ度以下时仅出现洞门墙帽石被落石砸坏的震害，在Ⅸ度时出现了洞门墙开裂的震害，在Ⅸ度以上区域隧道洞门墙均出现开裂震害，Ⅺ度区的龙洞子和桃关隧道洞门出现了断裂震害。设置明洞的耿达隧道被落石砸穿，桃关隧道明洞上方有落石堆积，其他隧道基本未设置明洞。

洞口段衬砌按岩性可分为：软岩洞口段衬砌和硬岩洞口段衬砌。洞口浅埋段震害以衬砌开裂（裂纹清晰，有一定走向）为主，仰拱错台次之，其他震害比例均较小。震害中没有出现二次衬砌垮塌，也没有出现隧道垮塌，这主要与该区域隧道已按Ⅶ度设防，并且在洞口段采用了钢筋混凝土衬砌有关。

洞口过渡段震害以衬砌开裂（裂纹清晰，有一定走向）为主，路面开裂（裂纹清晰，有一定走向）次之，还有少量二次衬砌垮塌震害。洞口过渡段出现的二次衬砌垮塌，主要与围岩存在软硬交界面，同时由于处于隧道深埋段，二次衬砌可能没有配筋等情况有关。当隧道洞口段位于坚硬、较完整等以上围岩时，尽管其处于强震环境条件下，也不会出现结构性的破坏。

普通段隧道结构震害以衬砌开裂（裂纹清晰，有一定走向）和仰拱隆起为主，仰拱错台次之，其他震害比例均较小。

通过震害调查及统计，得出汶川地震灾区隧道震害特点如下：

(1) Ⅵ度地震烈度区隧道均未破坏，Ⅹ度及Ⅹ度以下均存在没有发生震害的隧道，Ⅺ度地震烈度区内的隧道均受到不同程度的破坏。

(2) 按Ⅵ度设防（不设防）的隧道在地震烈度Ⅷ度及Ⅷ度以下时基本无震害（少数隧道出现轻微裂缝），按Ⅶ度设防的隧道在地震烈度Ⅵ～Ⅷ度时基本无震害（少数隧道出现轻微裂缝），在地震烈度Ⅸ～Ⅹ度时出现了二次衬砌严重开裂和垮塌等严重震害，在地震烈度Ⅺ度时出现了隧道垮塌这样最为严重的震害。

(3) 同等烈度区内隧道，软岩隧道震害比硬岩隧道震害严重许多。

(4) 错动断层的隧道出现了二次衬砌垮塌、隧道垮塌等严重的震害类型；未错动断层隧道震害未出现二次衬砌垮塌、隧道垮塌等严重的震害类型，仅出现施工缝开裂，衬砌剥落、开裂、渗水等较轻的震害类型。

(5) 隧道边仰坡在地震烈度为Ⅷ度及Ⅷ度以下时无震害，在Ⅸ度及Ⅸ度以上区均出现崩塌和滑塌。

(6) 洞门结构在地震烈度为Ⅷ度及Ⅷ度以下时仅出现洞门墙帽石被落石砸坏的震害，在Ⅸ度时出现了洞门墙开裂的震害，在Ⅸ度以上区域隧道洞门墙均出现开裂震害，Ⅺ度区的龙洞子和桃关隧道洞门出现了断裂震害。

(7) 按Ⅶ度设防的隧道洞口段衬砌在地震烈度为Ⅷ度及Ⅷ度以下时震害较轻（少数隧道出现轻微裂缝），未出现二次衬砌垮塌、隧道垮塌等严重震害；在地震烈度为Ⅸ～Ⅹ度时，出现了二次衬砌垮塌这样严重的震害类型，但未出现隧道垮塌；在地震烈度为Ⅺ度时，出现了隧道垮塌这样最为严重的震害类型。

（8）软岩隧道洞口浅埋段由于考虑了抗震设防，未出现二次衬砌垮塌这样严重的震害类型；软岩隧道洞口过渡段出现了二次衬砌垮塌这样严重的震害类型（龙溪隧道和酒家垭隧道）。

（9）对于普通段隧道结构，施工中如发生应力异常、变形侵限的衬砌段落，地震中出现了二次衬砌垮塌、隧道垮塌等严重震害。

附件 2　连续梁抗震分析算例

1　概况

1.1　工程背景

某公路桥梁左幅桥共 4 联，起讫墩号为 0～16 号，其中 0 号和 16 号为桥台，1～15 号为桥墩，1 号、14 号和 15 号三个桥墩为桩柱式桥墩，其余桥墩为群桩基础桥墩，桥型布置为 4×30m＋4×30m＋4×30m＋4×30m 先简支后连续梁桥。根据边界条件及桥墩高度，选择第一联、第三联和第四联桥梁进行抗震性能研究。立面布置如图 2-1 所示。

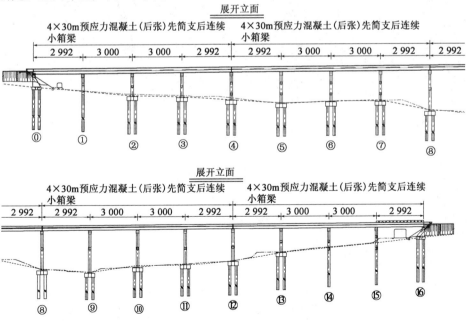

图 2-1　桥梁立面图（尺寸单位：cm）

箱梁上部结构形式为钢筋混凝土小箱梁，高度为1.6m，典型主梁截面如图2-2所示，下部结构墩及桩基础的构造示意图如图2-3所示。

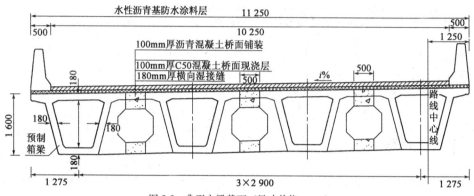

图2-2 典型主梁截面（尺寸单位：mm）

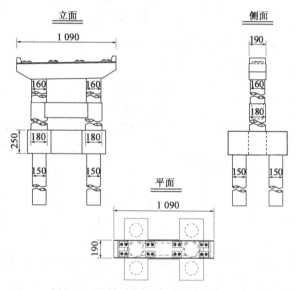

图2-3 墩及桩基础布置图（尺寸单位：cm）

1.2 主要研究内容

本桥为高速公路桥梁，设计汽车荷载标准指标为公路－Ⅰ级，属于重要的桥梁结构，一旦在地震中遭到破坏，可能导致的生命财产以及间接经济损失将会非常巨大，正确的抗震分析对确保桥梁抗震安全性具有非常重要的意义。主要研究内容拟定有：

(1) 建立该段桥梁的空间弹性动力计算模型，分析结构动力特性。

(2) 根据设计图纸支座布置方式，采用线性反应谱法及非线性时程法进行结构地震反应分析，研究结构在 E1 地震作用（50 年超越概率 10%，考虑结构重要性系数 0.5）和 E2 地震作用（50 年超越概率 10%，考虑结构重要性系数 1.7）两种设防水准地震输入下的地震响应。

(3) 对各桥墩及桩基提出建议配筋，并进行在两种设防水准下的抗震性能验算，最终给出结构的抗震性能安全性评价。

2 设防标准和地震动参数

2.1 设防标准

根据"地震安评报告"，本桥桥址处地震动峰值加速度为 0.3g，按抗震规范中的规定属于 B 类桥梁，采用 E1 地震作用（50 年超越概率 10%，考虑结构重要性系数 0.5）和 E2 地震作用（50 年超越概率 10%，考虑结构重要性系数 1.7）两种地震动水平进行抗震设防。

参考抗震规范相关条款以及类似桥梁的研究成果，主桥相应的性能目标确定为：遭受 E1 地震作用时，主桥桥墩、过渡墩以及各桥墩桩基础基本不发生损伤或不需要修复可继续使用；遭受 E2 地震作用时，应保证不致倒塌或产生严重结构损伤，经临时加固后可供维持应急交通使用。

2.2 地震动参数

2.2.1 反应谱

根据抗震规范，工程场地阻尼比为 0.05 的水平设计加速度反应谱由下式确定：

$$S = \begin{cases} S_{max}(5.5T + 0.45) & 0.04s \leq T < 0.1s \\ S_{max} & 0.1s \leq T \leq T_g \\ S_{max}(T_g/T) & T_g < T < 10s \end{cases} \quad (2-1)$$

$$S_{\max} = 2.25 C_i C_s C_d A$$

式中：$S_{\max}$——水平设计加速度反应谱最大值；

T_g——特征周期（s）；

T——结构自振周期（s）；

C_i——重要性系数；

C_s——场地系数（根据地质勘察情况，该场地取1.0）；

C_d——阻尼调整系数（对于混凝土桥梁结构阻尼比为0.05，无须调整）。

各参数见表2-1。

表2-1 设计地震动参数

阻尼比	地震作用	A（g）	C_i	$S_{\max}$（g）	T_g（s）
0.05	E1	0.3	0.5	0.338	0.45
	E2	0.3	1.7	1.148	0.45

图2-4是E1地震作用和E2地震作用下地震响应系数曲线，用作该桥反应谱地震反应分析。

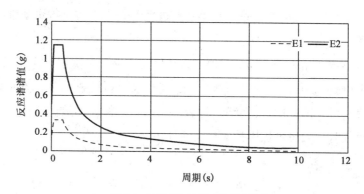

图2-4 地震动加速度反应谱曲线

计算时地震动输入分别采取纵向与横向两种方式，并取前500阶模态分析，振型组合采用CQC法，方向组合采用SRSS法。

2.2.2 加速度时程曲线

图2-5~图2-10分别为"地震安评报告"提供的E1地震输入与E2地震动输入情况下的加速度时程曲线。

附件2 连续梁抗震分析算例

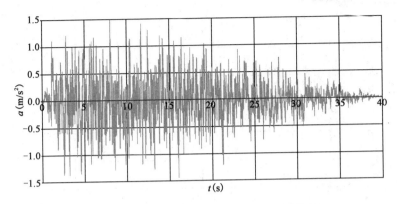

图 2-5 水平加速度时程相位 1 曲线（E1 地震输入）

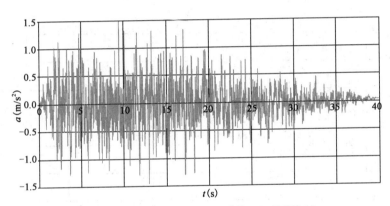

图 2-6 水平加速度时程相位 2 曲线（E1 地震输入）

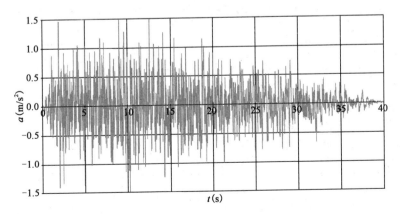

图 2-7 水平加速度时程相位 3 曲线（E1 地震输入）

149

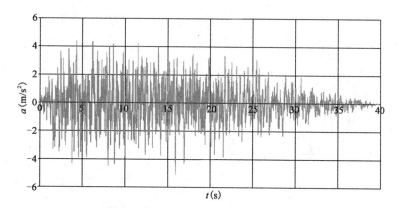

图 2-8　水平加速度时程相位 1 曲线（E2 地震输入）

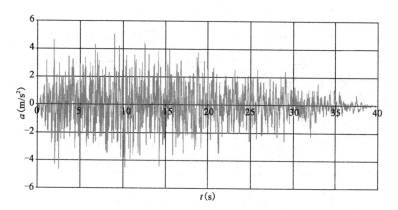

图 2-9　水平加速度时程相位 2 曲线（E2 地震输入）

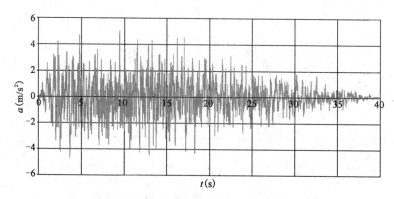

图 2-10　水平加速度时程相位 3 曲线（E2 地震输入）

3 动力模型与动力特性

3.1 空间动力计算模型

本桥采用减隔震设计，对于主梁与桥墩盖梁或桥台的连接，在桥台和过渡墩处采用 LNR 型橡胶支座，在连续墩处采用 HDR 型高阻尼隔震橡胶支座，其双线性恢复力模型分别如图 2-11 和图 2-12 所示。

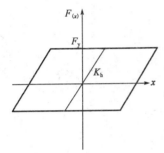 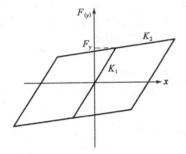

图 2-11 LNR 型支座双线性恢复力模型　　图 2-12 HDR 型支座双线性恢复力模型

3.1.1 线性动力模型

线性动力模型忽略构建的非线性效应，即不考虑支座的屈服，对于 LNR 型橡胶支座，其刚度取初始刚度 K_h（图 2-11）；对于 HDR 型高阻尼隔震橡胶支座，其刚度取初始刚度 K_1（图 2-12）。

本桥的动力空间计算模型，包含四联 $4\times30\mathrm{m}$ 的先简支后连续梁桥。有限元计算模型以顺桥向为 X 轴，横桥向为 Y 轴，竖向为 Z 轴。主梁、墩柱均采用空间的梁单元。

对于桩基础顶部有承台的桥墩，承台视为刚体，等效为一质点并赋予质量，桩基采用 6 个方向的土弹簧进行模拟；对于桩柱式桥墩，在顺桥向和横桥向采用分层土弹簧模型对桩基进行模拟，在对基础刚度影响较大的上层约 20m 的范围内每隔 1m 施加 1 个土弹簧，下层则每个不同的土层施加 1 个土弹簧，桩底固结。桥台底固结，桥台与主梁之间采用 LNR 型橡胶支座模拟，支座刚度在顺桥向和横桥向均采用初始刚度 K_h（图 2-11）；桥墩盖梁与主梁之间采用 HDR 型高阻尼隔震橡胶支座，支座刚度在顺桥向和横桥向均采用初始刚度 K_1（图 2-12）。相应刚度值见相关支座类型参数表。

二期恒载等效为线质量均匀施加在主梁上。线性模型的边界及连接条件见表 2-2，计算模型见图 2-13。

表 2-2　线性模型边界及连接条件

位　置	自　由　度					
	x	y	z	θ_x	θ_y	θ_z
桥墩支座	s	s	1	1	0	1

注：1. "0"表示自由，"1"表示主从或固结。
　　2. x、y、z 分别表示顺桥向、横桥向以及竖向。
　　3. "s"表示弹簧。

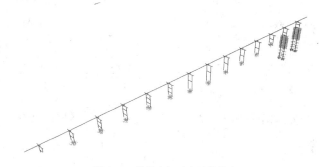

图 2-13　线性空间动力计算模型

3.1.2　非线性动力模型

非线性动力模型需要考虑支座的非线性，对于 LNR 型橡胶支座及 HDR 型高阻尼隔震橡胶支座，均需采用双线性恢复力模型进行模拟，分别如图 2-11 和图 2-12 所示。

对于 LNR 型橡胶支座，双线性恢复力模型（图 2-11）中屈服力 F_y 按下式进行计算，初始屈服刚度取 K_h。相应刚度值见相关支座类型参数表。

$$F_y = N\mu$$

式中：N——支座的恒载竖向反力；
　　　μ——摩擦系数，取 0.03。

对于 HDR 型高阻尼隔震橡胶支座，双线性恢复力模型（图 2-12）中初始刚度 K_1、屈后刚度 K_2 以及屈服力 F_y 均见相关支座类型参数表。

3.2 结构动力特性

根据建立的线性动力计算模型,进行了结构动力特性分析。表 2-3 为线性动力计算模型的前 10 阶振型、频率及振型特征。图 2-14～图 2-18 显示连续箱梁计算模型的典型振型。

表 2-3 计算模型基本动力特性

阶 数	周期（s）	频率（Hz）	振 型
1	1.903	0.525	第三联主梁纵向振动
2	1.603	0.624	第二联主梁纵向振动
3	1.319	0.758	第四联主梁纵向振动
4	1.231	0.812	第一联主梁纵向振动
5	1.058	0.945	第三联主梁横向振动
6	0.902	1.109	第二、三联主梁横向同向振动
7	0.888	1.126	第二、三联主梁横向反向振动
8	0.848	1.179	第四联主梁横向振动
9	0.818	1.222	第一联主梁横向振动
10	0.694	1.441	第二联主梁横向振动

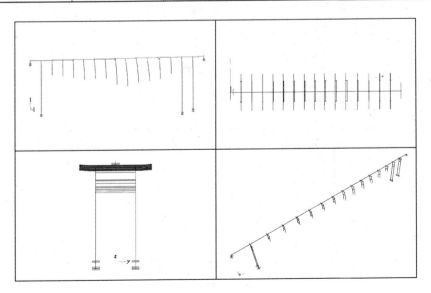

图 2-14 第一阶振型图

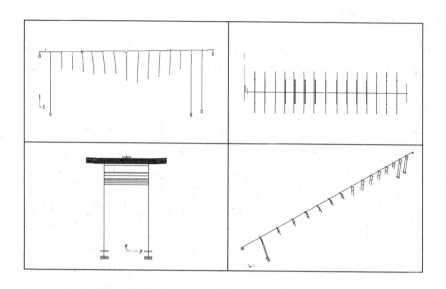

图 2-15 第二阶振型图

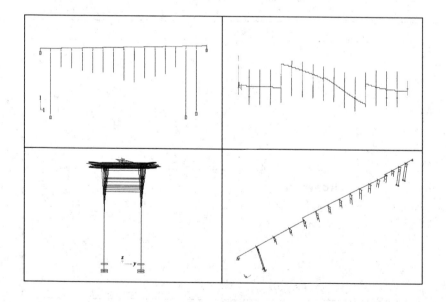

图 2-16 第六阶振型图

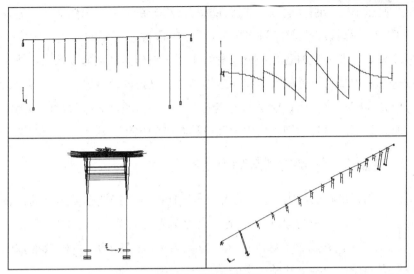

图 2-17 第七阶振型图

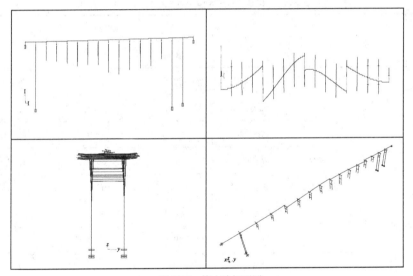

图 2-18 第十阶振型图

4 减隔震效果比较

采用时程直接积分法对结构进行抗震分析。线性时程反应分析采用线性动力模型的，不考虑 LNR 型橡胶支座和 HDR 型高阻尼隔震橡胶支座的非线性效应，支座按照屈服前初始刚度模拟；非线性时程反应分析采用非线性动力模型，分析时考虑了 LNR 型橡胶支座和 HDR 型高阻尼隔震橡胶支座的非线性效应。进行 E1 和 E2 地震下非线性时程反应分析时，采用 3 条地震动加速度输入，取 3 条地震动加速度输入计算出的最大值作为最终结果。纵桥向地震输入下，各桥墩墩底截面为地震反应控制截面；横桥向地震输入下，各桥墩墩底墩顶截面为地震反应控制截面。下面给出各控制截面内力和位移响应的比较。

4.1 E1 地震作用下结构地震响应比较

下面分别列出在 E1 地震作用输入下非线性模型与线性模型结果的比较（以线性时程反应分析结果为 100%）。地震内力结果见表 2-4、表 2-5，各支座响应见表 2-6、表 2-7，各联梁端地震位移响应见表 2-8、表 2-9。各桥墩桩基础最不利单桩地震响应比较结果和桥墩类似，在此不一一赘述。

表 2-4 各桥墩关键截面地震响应比较（%）（纵向输入）

地震输入	墩号	截面位置	截面地震内力		
			轴力	剪力	弯矩
纵桥向	1	墩底截面	89.8	72.0	76.2
	2	墩底截面	97.9	69.8	68.5
	3	墩底截面	100.1	87.4	75.7
	4（过渡墩）	墩底截面	77.4	86.8	82.2
	8（过渡墩）	墩底截面	98.0	66.8	58.8
	9	墩底截面	98.1	61.2	65.3
	10	墩底截面	99.9	68.8	65.6
	11	墩底截面	103.2	68.8	61.9
	12（过渡墩）	墩底截面	90.9	57.6	51.0
	13	墩底截面	110.5	74.8	81.2
	14	墩底截面	94.8	88.9	87.6
	15	墩底截面	103.9	73.2	75.4

附件2 连续梁抗震分析算例

表2-5 各桥墩关键截面地震响应比较（%）（横向输入）

地震输入	墩号	截面位置	截面地震内力		
			轴力	剪力	弯矩
横桥向	1	墩顶截面	54.3	55.9	56.2
		墩底截面	56.4	64.7	62.2
	2	墩顶截面	62.3	68.2	69.1
		墩底截面	66.8	71.0	71.2
	3	墩顶截面	57.5	54.5	62.5
		墩底截面	61.2	54.5	54.7
	4（过渡墩）	墩顶截面	62.8	76.0	86.9
		墩底截面	85.3	89.2	92.7
	8（过渡墩）	墩顶截面	63.1	71.9	76.9
		墩底截面	73.5	72.7	72.5
	9	墩顶截面	64.6	63.2	69.6
		墩底截面	68.3	61.9	62.4
	10	墩顶截面	67.3	66.7	75.9
		墩底截面	75.2	76.3	73.2
	11	墩顶截面	70.7	71.1	76.4
		墩底截面	76.8	86.8	84.6
	12（过渡墩）	墩顶截面	65.2	66.9	75.5
		墩底截面	71.9	73.5	68.5
	13	墩顶截面	57.0	60.1	57.6
		墩底截面	57.5	63.0	62.5
	14	墩顶截面	57.7	63.3	63.6
		墩底截面	61.6	65.5	63.6
	15	墩顶截面	53.1	65.2	65.1
		墩底截面	61.5	74.7	73.5

表 2-6 各支座地震响应比较（%）（纵向输入）

地 震 输 入	支 座 位 置		地震位移 X
纵桥向	第一联	桥台 0	85.8
		桥墩 1	124.9
		桥墩 2	128.8
		桥墩 3	125.7
		桥墩 4	119.3
	第三联	桥墩 8	115.5
		桥墩 9	79.6
		桥墩 10	78.4
		桥墩 11	87.7
		桥墩 12（前）	102.9
	第四联	桥墩 12（后）	68.6
		桥墩 13	105.0
		桥墩 14	93.3
		桥墩 15	119.5
		桥台 16	81.6

表 2-7 各支座地震响应比较（%）（横向输入）

地 震 输 入	支 座 位 置		地震位移 Y
横桥向	第一联	桥台 0	82.7
		桥墩 1	108.6
		桥墩 2	112.3
		桥墩 3	112.3
		桥墩 4	92.0
	第三联	桥墩 8	92.4
		桥墩 9	105.4
		桥墩 10	134.8
		桥墩 11	140.5
		桥墩 12（前）	111.6

续上表

地震输入	支座位置		地震位移 Y
横桥向	第四联	桥墩12（后）	89.9
		桥墩13	117.4
		桥墩14	118.0
		桥墩15	112.6
		桥台16	81.2

表2-8 各联梁端地震位移响应比较（%）（纵向输入）

地震输入	梁端位置		地震位移 X
纵桥向	第一联	桥台0	85.7
		桥墩4	85.5
	第三联	桥墩8	68.8
		桥墩12（前）	68.8
	第四联	桥墩12（后）	81.3
		桥台16	81.5

表2-9 各联梁端地震位移响应比较（%）（横向输入）

地震输入	梁端位置		地震位移 Y
横桥向	第一联	桥台0	82.7
		桥墩4	78.0
	第三联	桥墩8	62.3
		桥墩12（前）	91.0
	第四联	桥墩12（后）	79.4
		桥台16	81.2

4.2 E2地震作用下结构地震响应

下面分别列出在E2地震作用输入下非线性模型与线性模型结果的比较（以线性时程反应分析结果为100%）。地震内力结果见表2-10、表2-11，各支座响应见表2-12、表2-13，各联梁端地震位移响应见表2-14、表2-15。各桥墩桩基础最不利单桩地震响应比较结果和桥墩类似，在此不一一赘述。

表2-10　各桥墩关键截面地震响应比较（％）（纵向输入）

地震输入	墩号	截面位置	截面地震内力		
			轴力	剪力	弯矩
纵桥向	1	墩底截面	67.9	46.4	42.2
	2	墩底截面	35.4	47.0	43.7
	3	墩底截面	56.5	60.2	48.7
	4（过渡墩）	墩底截面	50.5	81.5	61.8
	8（过渡墩）	墩底截面	39.7	82.3	52.6
	9	墩底截面	54.3	68.1	53.5
	10	墩底截面	39.7	55.1	49.1
	11	墩底截面	52.2	58.9	45.1
	12（过渡墩）	墩底截面	34.6	77.1	51.8
	13	墩底截面	68.4	52.3	45.8
	14	墩底截面	55.2	53.2	50.9
	15	墩底截面	83.2	40.7	40.1

表2-11　各桥墩关键截面地震响应比较（％）（横向输入）

地震输入	墩号	截面位置	截面地震内力		
			轴力	剪力	弯矩
横桥向	1	墩顶截面	32.1	36.6	36.8
		墩底截面	35.9	42.4	40.3
	2	墩顶截面	30.7	35.1	33.8
		墩底截面	35.4	39.0	37.7
	3	墩顶截面	31.5	36.3	36.6
		墩底截面	35.6	42.5	41.7
	4（过渡墩）	墩顶截面	46.6	64.8	68.8
		墩底截面	67.2	75.2	74.8
	8（过渡墩）	墩顶截面	56.3	68.1	71.5
		墩底截面	69.2	77.6	71.1
	9	墩顶截面	37.5	39.5	40.9
		墩底截面	42.9	37.8	38.5

附件2 连续梁抗震分析算例

续上表

地震输入	墩号	截面位置	截面地震内力		
			轴力	剪力	弯矩
横桥向	10	墩顶截面	36.4	45.7	41.4
		墩底截面	38.5	45.7	43.9
	11	墩顶截面	40.3	48.3	48.0
		墩底截面	46.2	48.3	47.2
	12（过渡墩）	墩顶截面	50.1	60.7	61.9
		墩底截面	62.8	83.4	78.9
	13	墩顶截面	36.6	38.6	39.7
		墩底截面	39.7	41.0	40.9
	14	墩顶截面	34.0	37.1	36.7
		墩底截面	35.8	38.1	36.9
	15	墩顶截面	32.6	37.3	40.1
		墩底截面	38.5	45.4	43.7

表2-12 各支座地震响应比较（％）（纵向输入）

地震输入	支座位置		地震位移
			X
纵桥向	第一联	桥台0	75.2
		桥墩1	186.0
		桥墩2	191.8
		桥墩3	231.3
		桥墩4	123.8
	第三联	桥墩8	189.3
		桥墩9	190.3
		桥墩10	217.9
		桥墩11	165.9
		桥墩12（前）	126.4
	第四联	桥墩12（后）	108.5
		桥墩13	218.3
		桥墩14	275.3
		桥墩15	178.3
		桥台16	70.4

表 2-13　各支座地震响应比较（%）（横向输入）

地震输入	支座位置		地震位移 Y
横桥向	第一联	桥台0	92.4
		桥墩1	127.4
		桥墩2	137.1
		桥墩3	131.0
		桥墩4	102.7
	第三联	桥墩8	112.1
		桥墩9	180.6
		桥墩10	167.1
		桥墩11	181.5
		桥墩12（前）	104.5
	第四联	桥墩12（后）	113.0
		桥墩13	131.5
		桥墩14	131.9
		桥墩15	120.4
		桥台16	86.3

表 2-14　各联梁端地震位移响应比较（%）（纵向输入）

地震输入	梁端位置		地震位移 X
纵桥向	第一联	桥台0	75.1
		桥墩4	75.0
	第三联	桥墩8	64.0
		桥墩12（前）	64.1
	第四联	桥墩12（后）	70.1
		桥台16	70.3

表 2-15 各联梁端地震位移响应比较（%）（横向输入）

地震输入	梁端位置		地震位移 Y
横桥向	第一联	桥台 0	92.4
		桥墩 4	79.2
	第三联	桥墩 8	70.0
		桥墩 12（前）	91.6
	第四联	桥墩 12（后）	82.9
		桥台 16	86.3

4.3 小结

本节给出了非线性时程分析和线性时程分析比较的结果。从结果可以看出，考虑减隔震支座的非线性后，结构的内力响应和位移响应都有显著降低，但是支座的变形增加较多，结构验算时，需注意验算支座的性能是否满足地震作用下变形的需求。

5 结构抗震性能验算

5.1 概述

基于结构的反应谱分析结果和非线性时程的分析结果，综合考虑抗震规范第 3.1.2 条和第 3.1.4 条规定，B 类桥梁采用减隔震设计时抗震设防目标为：当桥梁遭受 E1 地震作用时，桥梁不受损坏或不需修复可继续使用；当桥梁遭受 E2 地震作用时，不致倒塌或产生严重结构损伤，经临时加固后可供维持应急交通使用。本算例对桥墩及桩基础进行了抗震验算，各部分具体的性能目标及检算准则见表 2-16。

表 2-16 抗震性能目标与设防准则

场地地震动	结构性能要求	结构校核目标
E1 地震作用	桥墩、桩基础在弹性范围内工作	桩基和桥墩地震反应小于初始屈服弯矩
E2 地震作用	桥墩、桩基础在弹性范围内工作	桩基和桥墩地震反应小于等效屈服弯矩

验算根据非线性时程分析结果，对各桥墩最关键截面与最不利单桩截面进行了抗震验算。E1 地震作用下，结构校核目标是桩基和桥墩在弹性范围里工作，其地震反应小于初始屈服弯矩；E2 地震作用下，结构校核目标是桩基和桥墩在弹性范围里工作，其地震反应小于等效屈服弯矩。

桥墩、桩基的初始屈服弯矩为截面最外层钢筋首次屈服（考虑相应轴力）时对应的弯矩，而等效屈服弯矩为根据截面 M-φ 分析（考虑相应轴力），把截面 M-φ 曲线等效为双线性所得到的等效屈服弯矩，如图 2-19 所示。

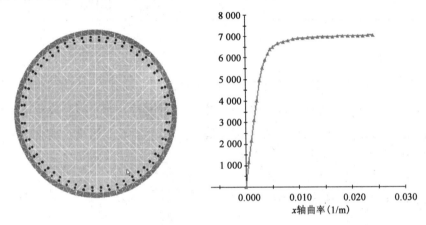

图 2-19　截面等效屈服弯矩计算示意图

在进行强度验算时，根据在恒载和地震作用下的轴力组合对连续箱梁各桥墩与最不利受力桩的控制截面进行 M-φ 分析，得出各控制截面的初始屈服弯矩和等效屈服弯矩，进行结构的抗震性能验算。在计算初始屈服弯矩和等效屈服弯矩时，对相同尺寸和相同配筋的截面，取恒载和地震最不利组合进行抗震验算。大量研究和本桥的试算表明，恒载和地震最不利组合为恒载和地震组合轴力的最小值控制验算，因此取恒载和地震组合轴力的最小值进行初始屈服弯矩的计算。

5.2　控制截面纤维模型

根据桥墩及桩基截面配筋图，建立相应的纤维模型。

利用 Ucfyber 软件进行截面 M-φ 关系数值分析，图 2-20、图 2-21 分别为桥墩以及相应桩基础单桩截面的纤维模型。

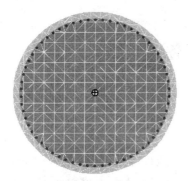 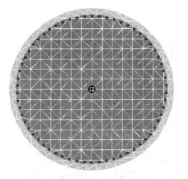

图 2-20　各桥墩墩底截面纤维模型　　图 2-21　各桥墩桩基础单桩截面纤维模型

附件3 斜拉桥抗震分析算例

1 工程概况

某大桥为双塔混凝土箱梁斜拉桥,采用的跨径布置为50m+110m+380m+110m+50m=700m,桥跨布置如图3-1所示。主桥桥塔为A形混凝土索塔,索塔总高140m,上塔柱高57m,中塔柱高51.5m,下塔柱高31.5m。主桥主梁采用钢混叠合箱梁方案,梁高3.3m,宽39.62m。主梁标准断面及索塔构造分别如图3-2、图3-3所示,主桥的支座布置形式如图3-4所示。过渡墩及辅助墩为V形墩,墩顶设置盖梁。

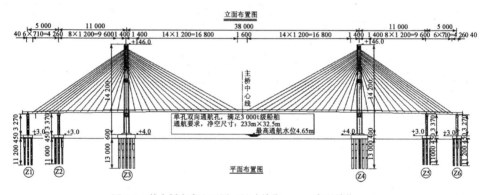

图3-1 某大桥方案立面图(尺寸单位:cm;高程单位:m)

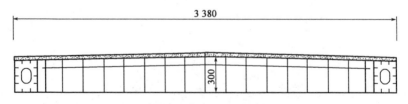

图3-2 箱梁标准断面图(尺寸单位:cm)

根据桥址处水文资料,可以计算得到主塔墩、过渡墩以及辅助墩处一般冲刷深度,见表3-1。

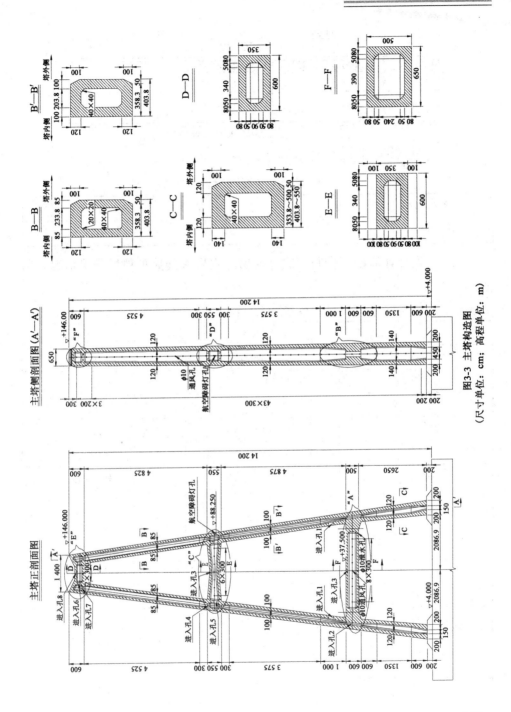

图3-3 主塔构造图
(尺寸单位：cm；高程单位：m)

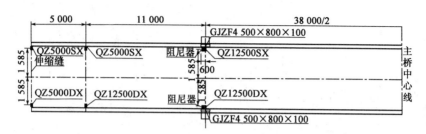

图 3-4 主桥支座布置平面图（尺寸单位：cm）

表 3-1 某大桥主桥桥墩处一般冲刷深度表

桥　　墩	主 桥 桥 墩	过 渡 墩	辅 助 墩
一般冲刷深度（m）	1.1	1.1	1.1

根据桥址处地质勘察资料，这里给出了主塔墩处典型地质分层情况，见表3-2。

表 3-2 大桥主塔处典型地质分层表

BZK68-5 钻孔		
层号	分层厚度（m）	土层类型
1	9.1	淤泥
2	10.4	淤泥
3	10.5	淤泥
4	8.0	淤泥质黏土
5	5.0	黏土
6	10.0	黏土
7	4.7	粉质黏土
8	11.5	卵石
9	9.8	黏土
10	2.2	粉质黏土
11	22.3	卵石
12	3.9	粉砂
13	12.9	黏土
14	7.0	卵石

2 设防目标及地震动输入

2.1 抗震设防标准

目前，多级设防的抗震设计思想已被广泛接受。相应地，结构抗震设计方法也逐渐地由原来的单一设防水准一阶段设计发展为多水准设防、多性能目标准则的基于性能的抗震设计方法。其中，两水准设防、两阶段设计的抗震设计方法（两水平的抗震设计方法）较为成熟，在我国大跨度桥梁的抗震设计中应用也较多。我国绝大部分特大跨度桥梁的抗震设计是采用两水准设防、两阶段设计的抗震设计方法进行的。

确定工程的抗震设防标准是一项经济性和政策性很强的工作，既要保证大桥的抗震安全性，又不致使造价增加太多。所以，需要在经济与安全之间进行合理平衡，这是桥梁抗震设防的合理原则。根据地震部门提供的大桥设计场地地震动参数研究报告中的地震动参数，对某大桥主桥按抗震规范中 A 类桥梁，采用 50 年 10％超越概率的地震作为 E1 地震作用和 100 年 5％超越概率的地震作为 E2 地震作用两种地震动水平进行抗震设防。参考抗震规范相关条款以及类似桥梁的研究成果，主桥抗震设防标准及性能目标参见表 3-3。

表 3-3 主桥抗震设防标准及性能目标

设防地震概率水平	结构性能要求
E1 地震作用（50 年 10％超越概率）	全桥一般不发生损坏或不需修复可继续使用
E2 地震作用（100 年 5％超越概率）	过渡墩、辅助墩可发生可修复的损伤，主塔及各基础基本弹性，梁、索弹性工作

2.2 地震动输入

2.2.1 设计反应谱

根据大桥设计场地地震动参数研究报告提供的地震动参数进行计算。在主桥抗震分析中，E1 地震作用取地表 50 年 10％超越概率地震动参数；E2 地震作用取 100 年 5％超越概率地震动参数；竖向地震荷载取水平地震荷载的 0.65 倍。

水平加速度反应谱如式（3-1）、式（3-2）、表3-4和图3-5、图3-6所示。

$$\alpha(T) = A_m \times \beta(T) \tag{3-1}$$

$$\beta(T) = \begin{cases} 1 & T \leqslant 0.04\text{s} \\ 1 + \beta_m \dfrac{T - 0.04}{T_0 - 0.04} & 0.04 < T \leqslant T_0 \\ \beta_m & T_0 < T \leqslant T_1 \\ \beta_m \left(\dfrac{T_1}{T}\right)^\gamma & T_1 < T < 15\text{s} \end{cases} \tag{3-2}$$

对于主桥斜拉桥，按抗震规范规定，阻尼比取3%，需要进行阻尼比的修正，修正公式如下：

$$C_d = 1 + \dfrac{0.05 - \xi}{0.06 + 1.7\xi} \geqslant 0.55 \tag{3-3}$$

表3-4 反应谱参数取值

超越概率	参数				
	γ	A_{max} (m/s²)	β_m	T_0 (s)	T_1 (s)
E1（50年10%超越概率）	0.9	0.72	2.5	0.1	0.45
E2（100年5%超越概率）	0.9	1.4	2.5	0.1	0.45

根据上述方法确定的不同设防水准及不同阻尼比对应的反应谱曲线如图3-5和图3-6所示。

地震反应谱分析时，地震输入方式为：①纵桥向＋竖向；②横桥向＋竖向。计算前500阶振型的贡献，其中振型组合方法采用CQC法，方向组合方法采用SRSS法。计算中，结构的振型阻尼比为0.03。竖向设计地震动参数的峰值加速度取为相应的水平向峰值加速度的0.65倍，其设计加速度反应谱形式与水平向加速度反应谱一致。

2.2.2 加速度时程

对于两个设防概率水准，大桥设计场地地震动参数研究报告提供了相应的地震动加速度时程，图3-7～图3-20绘出了两个概率水准下各7条地震加速度时程曲线。时程的计算结果取7条时程曲线计算结果的平均值。

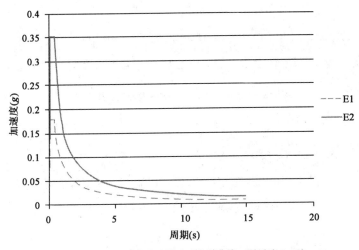

图 3-5 不同设防水准地震动反应谱曲线（阻尼比 0.05）

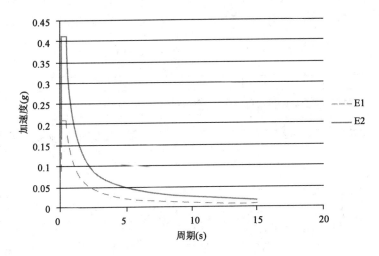

图 3-6 不同设防水准地震动反应谱曲线（阻尼比 0.03）

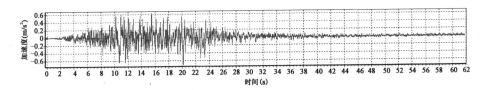

图 3-7 水平方向 E1 地震加速度时程曲线 1

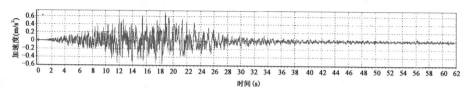

图 3-8 水平方向 E1 地震加速度时程曲线 2

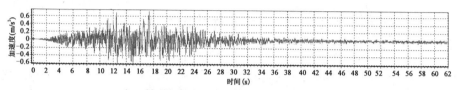

图 3-9 水平方向 E1 地震加速度时程曲线 3

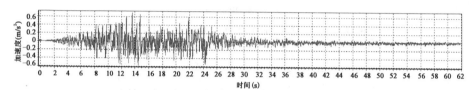

图 3-10 水平方向 E1 地震加速度时程曲线 4

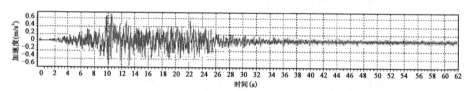

图 3-11 水平方向 E1 地震加速度时程曲线 5

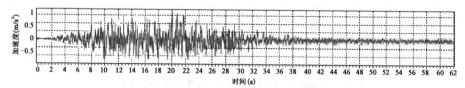

图 3-12 水平方向 E1 地震加速度时程曲线 6

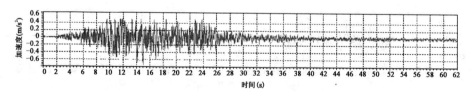

图 3-13 水平方向 E1 地震加速度时程曲线 7

附件3 斜拉桥抗震分析算例

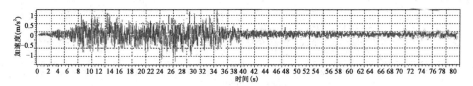

图 3-14　水平方向 E2 地震加速度时程曲线 1

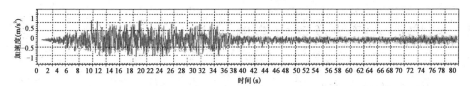

图 3-15　水平方向 E2 地震加速度时程曲线 2

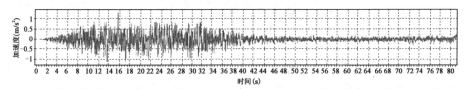

图 3-16　水平方向 E2 地震加速度时程曲线 3

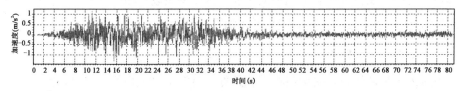

图 3-17　水平方向 E2 地震加速度时程曲线 4

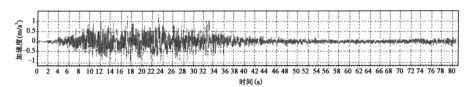

图 3-18　水平方向 E2 地震加速度时程曲线 5

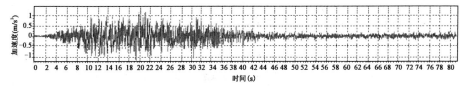

图 3-19　水平方向 E2 地震加速度时程曲线 6

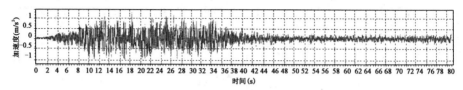

图 3-20 水平方向 E2 地震加速度时程曲线 7

3 结构动力模型及动力特性

3.1 线性结构动力模型

3.1.1 主梁、主塔、桥墩及斜拉索的模拟

主桥主梁、主塔和桥墩均采用梁单元模拟，斜拉索采用杆单元模拟。其中主梁采用单主梁式力学模型，并通过主从约束与斜拉索相连接；斜拉索、主梁和主塔考虑了恒载几何刚度的影响；承台近似按刚体模拟，其质量堆聚在承台质心；墩底与承台中心及桩顶中心节点主从相连。二期恒载以及横隔梁质量以集中质量（同时考虑绕主梁质心的质量惯矩）形式加在梁单元上。

3.1.2 支承连接条件的模拟

主桥为半飘浮体系，主梁与桥塔相接处、过渡墩（主桥侧）以及辅助墩上均设置一个纵向滑动支座（横向约束）和一个双向滑动支座。另外主梁与桥塔相接处，在塔和主梁之间横向设置横向抗风支座，以约束主梁的横向位移。各桥墩上支座的布置和桥墩编号如图 3-21 所示，边界支承以及连接条件见表 3-5 和表 3-6。

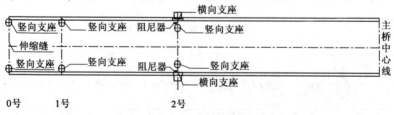

图 3-21 主桥支座布置平面图

注：⊖表示竖向固定、纵桥向滑动支座；⊕表示竖向固定、纵桥向和横桥向滑动支座

附件 3 斜拉桥抗震分析算例

表 3-5 边 界 支 承 条 件

位 置	Δx	Δy	Δz	θ_x	θ_y	θ_z
0 号过渡墩承台底	s	s	s	s	s	s
1 号辅助墩承台底	s	s	s	s	s	s
2 号主塔承台底	s	s	s	s	s	s
3 号主塔承台底	s	s	s	s	s	s
4 号辅助墩承台底	s	s	s	s	s	s
5 号过渡墩承台底	s	s	s	s	s	s

注：1. x 为纵桥向，y 为横桥向，z 为竖向。
2. θ_x、θ_y 和 θ_z 分别代表沿 x、y 和 z 轴的转动方向。
3. "s" 表示弹簧约束。

表 3-6 连 接 条 件

位 置	Δx	Δy	Δz	θx	θy	θz
0 号过渡墩—主梁	0/B	1	1	1	0	1
1 号辅助墩—主梁	0/B	1	1	1	0	1
2 号主塔—主梁	0/VFD	1	1	1	0	1
3 号主塔—主梁	0/VFD	1	1	1	0	1
4 号辅助墩—主梁	0/B	1	1	1	0	1
5 号过渡墩—主梁	0/B	1	1	1	0	1

注：1. x 为纵桥向，y 为横桥向，z 为竖向。
2. θ_x、θ_y 和 θ_z 分别代表沿 x、y 和 z 轴的转动方向。
3. "0" 表示自由，"1" 表示主从约束。
4. "B" 表示在时程分析时考虑滑动支座的摩擦效应。
5. "VFD" 表示在时程分析时考虑阻尼器效应。

3.1.3 桩基础的模拟

在桥梁地震反应分析中，桩基础的常用处理方法是在承台底加 6 个方向的弹簧来模拟桩基础的作用（图 3-22），并由承台底部内力按静力方法（m 法）反推单桩最不利受力。弹簧刚度根据土层状况和桩的布置形式按静力等效原则确定，由土性资料确定 m 值。这种处理方法在低桩承台桩基础中广泛采用。本算例采用六弹簧模型模拟各群桩基础的影响，各桩基础的弹簧刚度见表 3-7。

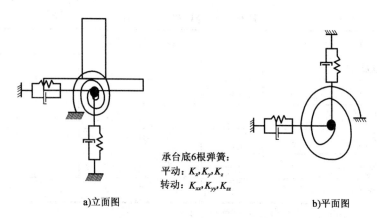

图 3-22 桩基础的六弹簧模型

表 3-7 全桥各群桩基础的六弹簧刚度

位 置	Δx (kN/m)	Δy (kN/m)	Δz (kN/m)	θ_x (kN·m/rad)	θ_y (kN·m/rad)	θ_z (kN·m/rad)
0号过渡墩	1.61×10^6	1.41×10^6	3.06×10^7	2.70×10^9	7.18×10^8	1.86×10^8
1号辅助墩	1.61×10^6	1.41×10^6	3.11×10^7	2.73×10^9	7.27×10^8	1.86×10^8
2号桥塔	7.42×10^6	6.37×10^6	3.23×10^7	2.08×10^{10}	2.44×10^9	5.14×10^9
3号桥塔	7.42×10^6	6.37×10^6	3.23×10^7	2.08×10^{10}	2.44×10^9	5.14×10^9
4号辅助墩	1.61×10^6	1.41×10^6	3.11×10^7	2.73×10^9	7.27×10^8	1.86×10^8
5号过渡墩	1.61×10^6	1.41×10^6	3.06×10^7	2.70×10^9	7.18×10^8	1.86×10^8

注: 1. x 为纵桥向, y 为横桥向, z 为竖向。
2. θ_x、θ_y 和 θ_z 分别代表沿 x、y 和 z 轴的转动方向。

根据大桥的特点,由于主桥和引桥共用一个过渡墩,所以在建立主桥模型时,也需建上相邻一联引桥模型,以考虑相邻引桥作为边界条件对主桥的影响。本算例采用 SAP2000 程序建立了如图 3-23 所示的三维结构动力分析模型,在此基础上进行动力特性和地震反应分析。

3.2 非线性动力模型

3.2.1 球形钢支座模拟

支座的恢复力模型如图 3-24 所示。图中,F_{max} 为临界摩擦力,x 为上部结构与墩顶的相对位移,X_y 为临界位移。弹性恢复力最大值与临界滑动摩擦力相等，即：

$$K \cdot x_y = F_{\max} = f \cdot N \quad (3\text{-}4)$$

式中：f——滑动摩擦系数，球形钢支座的活动摩擦系数取为 0.02；

N——支座所承担的上部结构恒载反力。

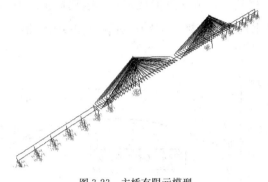

图 3-23 主桥有限元模型

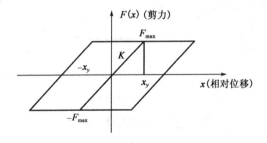

图 3-24 球形钢支座的恢复力模型

在球形钢支座中，临界位移 x_y 很小（本算例取为 2mm）。

3.2.2 阻尼器模拟

非线性动力模型需要考虑黏滞阻尼器的非线性特性，在主塔与主梁之间纵向设置黏滞阻尼器，对于液压型黏滞阻尼器，其参数如下所述。

采用的液压阻尼器恢复力特性可用下式表示：

$$F = CV^\alpha \quad (3\text{-}5)$$

式中：F——阻尼力（kN）；

C——阻尼系数 [kN/(m/s)$^\alpha$]，主要与阻尼孔开孔面积有关；

V——阻尼器相对速度（m/s）；

α——速度指数（其值范围在 0.1～2.0，土木工程实际中常用值一般在 0.3～1.0 范围内），主要与硅油物理力学性质有关。

当液压阻尼器的阻尼力与相对速度成比例时，称为线性阻尼器，其恢复力特性如图 3-25 中实曲线所示，形状近似椭圆；当阻尼器阻尼力与相对速度不成比例时，称为非线性阻尼器，其恢复力特性如图 3-25 中虚曲线所示，形状趋近于矩形。

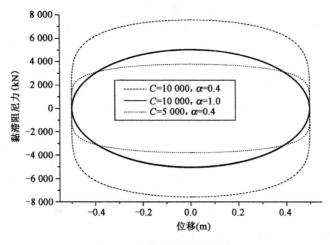

图 3-25　黏滞阻尼器理论滞回环

从图 3-25 可以看出，在塔梁相对位移达到最大时，塔梁相对速度最小，因而液压阻尼器的阻尼力最小，接近于零；而液压阻尼器的阻尼力最大时，塔梁相对位移最小，塔梁相对速度最大。液压阻尼器的阻尼力和结构的弹性力之间有 90°的相位差。

本研究中在每个桥塔处设置 2 个黏滞阻尼器，单个阻尼器参数见表 3-8。

表 3-8　单个阻尼器设计参数

分　　类	名　　称	阻尼限位装置
动力阻尼参数	力与速度函数	$F=CV^{\alpha}$
	速度指数 α	0.3
	阻尼系数 C [kN/(m/s)$^{0.3}$]	3 000

3.3 动力特性

分析和认识桥梁的动力特性是进行抗震性能分析的基础。本节首先采用前面所述的计算模型，对该桥不同方案进行了动力特性分析。

表 3-9 列出了大桥前 10 阶振型及对应的周期和频率。由表中可见，桥梁结构的基本周期为 10.305s，而规范设计反应谱的最长周期为 15s，已包含了所需的长周期成分。图 3-26～图 3-30 为桥梁结构的主要控制振型图。

表 3-9 主桥结构动力特性

振型阶数	周期（s）	频率（Hz）	振型特征
1	10.305	0.097	主梁纵飘
2	5.423	0.184	主梁一阶竖弯
3	2.958	0.338	主梁二阶竖弯
4	1.808	0.553	主梁三阶竖弯
5	1.691	0.592	主塔一阶一致侧弯
6	1.582	0.632	主梁四阶竖弯
7	1.544	0.648	主梁五阶竖弯
8	1.486	0.673	主塔一阶非一致侧弯
9	1.377	0.726	主塔二阶一致侧弯
10	1.263	0.792	主塔三阶一致侧弯

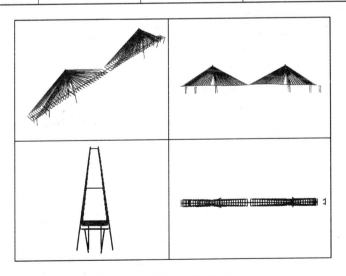

图 3-26 主梁纵漂（$T=10.305\text{s}$）

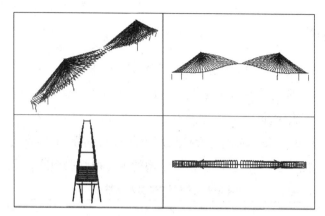

图 3-27　主梁一阶竖弯（$T=5.423s$）

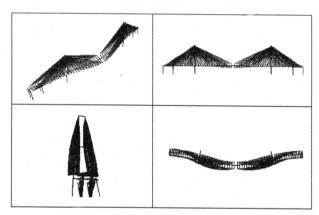

图 3-28　主塔一阶一致侧弯（$T=1.691s$）

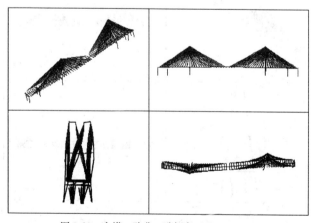

图 3-29　主塔一阶非一致侧弯（$T=1.486s$）

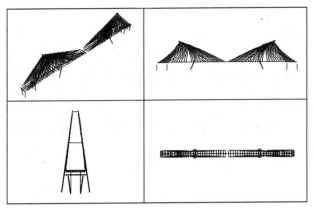

图 3-30 主塔一阶非一致纵弯（$T=0.809s$）

4 结构抗震性能验算

4.1 性能目标与验算原则

参照抗震规范，A 类桥梁抗震设防目标为：当桥梁遭受 E1 地震作用时，桥梁不受损坏或不需修复可继续使用；当桥梁遭受 E2 地震作用时，桥梁可发生局部轻微损伤，不需修复或经简单修复可继续使用。本算例对桥墩、桥塔以各关键截面及桩基础进行了抗震验算，各部分具体的性能目标及检算准则见表 3-10。主桥辅助墩、过渡墩截面在 E2 地震作用下允许进入屈服状态，其对应桩基础作为能力保护构件进行验算，需求由墩底屈服截面内力乘以 1.2 的超强系数，然后反算桩基内力进行确定。

表 3-10 桥墩关键截面和桩基础抗震性能目标及检算准则

设防水平	性能目标	检算准则
E1 地震作用	主塔各处、所有桩基础保持弹性	$M<M_y$
	主桥过渡墩、辅助墩、引桥桥墩基本在弹性范围工作	$M<M_{eq}$
E2 地震作用	主塔、桩基础局部可发生可局部轻微损伤	$M<M_{eq}$
	主桥过渡墩、辅助墩可进入塑性状态，但不倒塌，震后可修复，可供紧急救援车辆通行	塑性铰极限转角检算

注：1. 表中 M 按恒载和地震作用最不利组合计算。
  2. M_y-截面相应于最不利轴力时的最外层钢筋首次屈服时对应的弯矩，计算 M_y 时采用材料设计强度。
  3. M_{eq}-截面相应于最不利轴力时的等效抗弯强度，计算 M_{eq} 时采用材料标准设计强度。

4.2 截面验算方法

钢筋混凝土桥墩、桥塔和桩基础截面的抗弯能力（强度）采用纤维单元法进行的弯矩—曲率（考虑相应轴力）分析，将截面混凝土根据需求划分为纤维单元束，而单根钢筋则作为一个纤维单元。对已划分截面进行弯矩曲率分析，得出图3-31所示的弯矩—曲率曲线。

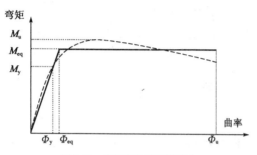

图 3-31　等效弯矩的计算图示

由于 M_y 为截面最外层钢筋首次屈服时对应的初始屈服弯矩，因此当地震反应弯矩小于初始屈服弯矩时，整个截面保持在弹性。研究表明，截面的裂缝宽度不会超过容许值，结构基本无损伤。

截面等效抗弯强度实质上是一个理论上的概念值，是将实际的截面弯矩—曲率曲线按能量等效的原则将其等效为一个弹塑性曲线。中间的等效抗弯强度 M_{eq} 计算规则如图 3-31 所示，由面积相等原理求得。M_{eq} 为相应于最不利轴力时截面等效抗弯屈服弯矩；M_u 为截面极限弯矩。从理想弹塑性双线性模型看，当地震反应小于等效抗弯屈服弯矩 M_{eq} 时，结构整体反应还在弹性范围。实际上，在地震过程中，对应于等效抗弯屈服弯矩 M_{eq}，截面上还是有部分钢筋进入了屈服。研究表明，截面的裂缝宽度可能会超过容许值，但混凝土保护层还是完好的（对应保护层损伤的弯矩为截面极限弯矩 M_u，$M_{eq} < M_u$）。由于地震过程的持续时间比较短，地震后，由于结构自重，地震过程开展的裂缝一般可以闭合，不影响使用，满足 E2 地震作用下局部可发生轻微的损伤，地震发生后，基本不影响车辆通行性能要求。

根据施工图纸配筋方式对各关键截面进行配筋，计算满足抗震需求所需的截面配筋率。混凝土箱梁方案桥墩、桥塔关键截面以及柱基础截面的纤维单元划分如图 3-32～图 3-36 所示。

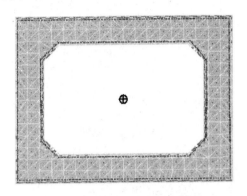

图 3-32　主塔下横梁截面纤维划分

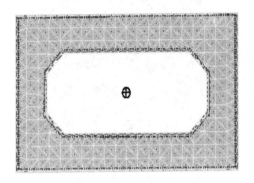

图 3-33　主塔中横梁截面纤维划分

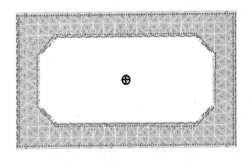

图 3-34　主塔上横梁截面纤维划分

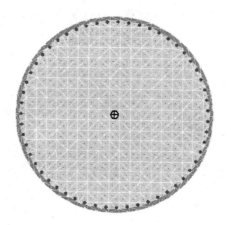

图 3-35 过渡墩、辅助墩柱基础截面纤维划分

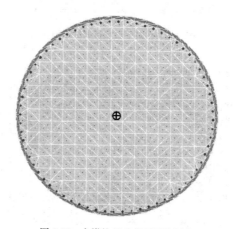

图 3-36 主塔柱基础截面纤维划分

根据截面配筋形式，采用纤维单元，根据在恒载和地震作用下的最不利轴力组合对各控制截面进行了 P-M-ϕ 分析，得出各控制截面的抗弯能力，从而进行抗震性能验算。

5 结论

根据结构的抗震分析结构，认为采用的黏滞阻尼器能显著减小塔梁之间相对位移，建议在每个桥塔处设置 2 个黏滞阻尼器，推荐的单个黏滞阻尼器设计参数见表 3-11。

表 3-11 单个阻尼器设计参数

分类	名称	阻尼限位装置
动力阻尼参数	力与速度函数	$F=CV^{\alpha}$
	速度指数 α	0.3
	阻尼系数 $C\ [kN/(m/s)]^{0.3}$	3 000
	最大反应速度（m/s）	0.241
	阻尼力（kN）	1 958
静力行程	额定最大行程（mm）	165

注：以上参数均是针对地震作用给出的，在实际设计阻尼器时，应考虑温度变形等对阻尼器行程的要求。